郭立田◎著

康德

《实践理性批判》文本解读

黑龙江大学出版社
HEILONGJIANG UNIVERSITY PRESS

图书在版编目（CIP）数据

康德《实践理性批判》文本解读 / 郭立田著. -- 哈
尔滨：黑龙江大学出版社，2018.5（2021.7 重印）
ISBN 978-7-5686-0235-8

Ⅰ. ①康… Ⅱ. ①郭… Ⅲ. ①德国古典哲学②无神论
Ⅳ. ① B516.31 ② B91

中国版本图书馆 CIP 数据核字（2018）第 110896 号

康德《实践理性批判》文本解读
KANGDE《SHIJIAN LIXING PIPAN》WENBEN JIEDU
郭立田　著

责任编辑　马续辉
出版发行　黑龙江大学出版社
地　　址　哈尔滨市南岗区学府三道街 36 号
印　　刷　三河市春园印刷有限公司
开　　本　720 毫米 ×1000 毫米　1/16
印　　张　12
字　　数　132 千
版　　次　2018 年 5 月第 1 版
印　　次　2022 年 1 月第 2 次印刷
书　　号　ISBN 978-7-5686-0235-8
定　　价　48.00 元

引　言

康德的《实践理性批判》是继《纯粹理性批判》后的第二批判书。该书是在借鉴了古希腊罗马的伦理道德思想、中世纪基督教伦理道德思想和欧洲近代启蒙思想家伦理道德思想的基础上,以其独特的视角和思维方式构造出来的一个先验论的伦理道德思想体系,带有欧洲启蒙主义运动的鲜明德国色彩。

康德早在《纯粹理性批判》一书中就提出了建立**科学形而上学**的任务,但他当时认为条件还不成熟,所以他先完成了对**纯粹理性**的批判,以为**未来形而上学**奠定基础。于是他先把哲学区分为**纯粹哲学**与**经验哲学**两大部分,而所谓纯粹哲学就是他的**先验哲学**,是关于先天的"**知识形式**"(包括感性、知性和理想的先天形式)的科学。然后又把纯粹哲学或先验哲学分为**批判**(**Kritik**)和形而上学(**Metaphysik**)两部分,其中**批判**包括**纯粹知性批判**、**纯粹判断力批判**和**纯粹理性批判**(见康德《判断力批判》"导言"),而**形而上学**则是"纯粹理性思辨的科学"(见康德《未来形而上学导论》"总问题的解决"),分为**自然形而上学**与**道德形而上学**(见康德《纯粹理性批判》"纯粹理性的建筑术")。为此他首先在 1781 年出版了《纯粹理性批判》,为建立自然形而上学扫清了道路,奠定了基础;接着又于 1788 年出版了《实践理性批判》,目的是为道德形而上学的建立扫清障碍；最后又在 1790 年出版了《判断力批判》，目的是为前两个批判寻找一个"**中介环节**"，以奠定两者的"**最初基础**"（见康德《判断力批判》"序言"）。

在康德看来，**理性**是人类"最高的认识能力"。他给理性下定义说："理性是提供出先天知识的诸原则的能力"（康德：《纯粹理性批判》，邓晓芒译，人民出版社 2004 年版，第 18 页），而**纯粹理性**则是"包含有完全先天地认识某物的诸原则的理性"（康德：《纯粹理性批判》，邓晓芒译，人民出版社 2004 年版，第 18 页）。而纯粹理性又包括**纯粹的理论理性**和**纯粹的实践理性**，前者研究单纯的**认识能力**，它为自然界立法，这就是**自然法则**，主要是因果性法则，体现在"纯粹知性原理"中，后者研究**欲求能力**，它为自由意志立法，这就是**自由法则**（或实践法则、道德法则、德性法则），体现在"纯粹实践理性原理［或定理］"中。后来他又发现了联结认识能力与欲求能力的中间环节，这就是情感能力，即审美的判断力，于是就有了 1790 年出版的《判断力批判》，从而形成了康德的三批判书。而纯粹实践理性原理的基本概念早在《纯粹理性批判》的方法论"纯粹理性法规"一章中就已经提出来了。

例如，康德在那里指出，人类理性在先验的思辨应用中所导致的**终极意图**涉及三个对象：意志自由、灵魂不朽和上帝存在。这三个基本命题对我们的知识来说是完全不必要的，但理性还是要向我们进行推荐，这至少是因为它们只涉及**实践**。

又如，康德把理性的兴趣（包括思辨的与实践的）归结为三个问题：1. 我能够知道什么？2. 我应当做什么？3. 我可以希望什么？第一个问题是**纯粹思辨**的，它属于**思辨理性**或**理论理性**（由"纯粹理性批判"来解决）；第二个问题是**纯粹实践**的，它属于**实践理性**（由"实践理性批判"来解决）；只有第三个问题既是**实践的**又是**理论的**，它则属于"**道德神学**"。

另外，康德还提出了**道德法则**（**Sittengesetz**）的概念，认为与道德法则相符合的世界为**道德世界**，在那里，一切希望都指向**永恒的幸福或极乐**（**Glückseligkeit，永恒的幸福、极乐**）。在他看来，这个世界首先是一个**理智世界**和**感官世界**，与此同时，才是一个**道德的世界**和**直悟的世界**，而这个道德世界所构成的**道德体系**为**理智的理念**，这就是**至善的理想**（**Ideal des höchsten Guts**）。康德认为，只有**道德神学**才不可避免地导致**唯一、最高、最完善、有理性的原始存在者**（即上帝）的概念，而这是思辨神学所做不到的。

在这里，康德已经为他呼之欲出的《实践理性批判》勾勒出了一个**基本框架**，只是后来他没有提到他的**道德神学**而已。可以说，康德的以《实践理性批判》为标志的伦理学在西方伦理学中的地位是无与伦比的，它成为西方伦理思想发展的制高点，具有承上启下的作用。可以说，没有康德就没有近现代西方伦理学。

在这里还应当指出，康德的《实践理性批判》是以其《道德形而上学基础》为前导的，这两本书构成了康德伦理学的核心文本。在《道德形而上学基础》中，康德把人类的道德思想或道德知识的进步分为三个阶段或三个层次，即：普通的道德理性知识、道德形而上学、实践理性批判（参见本书《附录一》）。因此，弄懂《纯粹理性批判》与《道德形而上学基础》是弄懂《实践理性批判》的前提条件。

在我们看来，康德的伦理道德思想的核心是它的**人道主义**精神，其中包括以下几个重要概念：**生命、自由、人格、尊严、幸福、友善、仁爱**，等等。这恰恰是康德伦理思想的灵魂，值得大书特书。但马克思在《德意志意识形态》一书中评价康德的《实践理性批判》时说:"18世纪末德国的状况完全反映在康德的《实践理性批判》中。当时,法国资产阶级经过历史上最大的一次革命跃居统治地位,并且夺取了欧洲大陆;……但软弱无力的德国市民只有'**善良意志**'。康德只谈'**善良意志**',哪怕这个善良意志毫无效果他也心安理得。"这就道破了康德伦理学说是德国当时刚刚兴起的资产阶级的软弱性的反映,这对我们理解康德伦理学的时代背景具有一定的参考价值。

根据马克思的上述论断,我们可以得出以下结论:在康德的三批判书中,《实践理性批判》是一个比较薄弱的环节,其中包含的合理内核最少。

康德三批判书的晦涩难懂程度是尽人皆知的。下面笔者主要依据韩水法译本(商务印书馆1999年版,简称"**韩译本**")、邓晓芒译本(人民出版社2003年版,简称"**邓译本**")和孙少伟译本(江西教育出版社2014年版,简称"**孙译本**"),对《实践理性批判》加以梳理和解读,关键的地方则直接核对了德文原文或根据德文原文做了修订,不当的地方尚请读者与专家指教。本解读的分段以韩译本为准。

目　　录

第一部　纯粹实践理性要素论
第一卷　纯粹实践理性分析论

序　言

[提示]这里是关于《实践理性批判》一书的一些原则的提示,对理解全书至关重要。

关键词语:纯粹的实践理性、理性的全部实践能力、先验的自由、意志、上帝与不朽、理性的实践应用、心灵的两种能力:认识能力和欲求能力

首先[第1段],关于书名。康德提出,该书为什么不叫作"纯粹的实践理性批判",而是简单地叫作"一般的实践理性批判"呢? 按照与前一批判"纯粹的理性之批判"("纯粹理性批判")[实即"纯粹的理论理性批判",康德在那里只对纯粹理性进行了"一般性研究",他当时还没有打算写出"实践理性批判"(见《判断力批判》"序言"),更谈不上写出"判断力批判"]的对应关系,似乎应当叫这个名字。他说,对此这部著作给予了充分解释,现在该书应当阐明的只是**纯粹的实践理性**,并为此而批判理性的"**全部实践能力**"。他认为,如果这一任务成功了,那就无须批判这个纯粹能力(即纯粹的实践理性能力)本身,以便看一下理性是否用这个能力作为一种僭妄的要求而超出了自身,就像在思辨理性那里发生过的那样。因为,**如果纯粹理性实际上是实践的**[但康德在《道德形而上学基础》中又提出,"纯粹理性如何能够是实践的——要解释这一点,所有

1

的人类理性都完全无能为力"，"这个问题正像我想去寻求作为意志的因果性的自由本身是如何可能的一样"，"**这里便是所有道德探索的最后界限**"（参见康德《道德形而上学基础》孙译本，第 67 页）]，那么它就通过**它的**[即纯粹理性的实践能力的]**实际行动（Tat）**，证明了**实践理性及其概念的实在性**[而这种所谓的"**实际行动的证明**"不过是经验论的证明方法而已]，这样反对的意见就是徒劳的了。[在康德看来，理性的全部实践能力范围更广、牵涉更多，因此需要对其进行梳理和批判，以便从中剥离出其纯粹成分，即纯粹的**实践能力**和**实践法则**。]

其次[第 2—4 段]，关于"**自由概念**"（**Begriff der Freiheit**）（绝对意义上的自由）的地位。康德认为，凭借纯粹理性的实践能力，"**先验的自由**"（**transzendentale Freiheit**）就确立起来，而不像在"思辨理性"（"理论理性"的最高层次）那里虽然在应用因果概念时需要它，但又不能确保其客观实在性，即无法在经验中得到证明。而在实践理性这里，自由概念则由一条无可争辩的**法则**（**Gesetz**）[即道德法则]所证明，于是**自由概念**就成了由自然形而上学与道德形而上学所构成的纯粹理性甚至思辨理性体系的整个建筑的"**拱顶石**"，以至上帝概念与不朽概念都得向它**靠拢**（**schließen**），并跟它一起得到了证明，因为自由这一理念通过道德法则（moralische Gesetz）（或道德律）展现了自己。只是康德接着又论述道：在思辨理性的理念中，自由[即"先验的自由"]是我们先天知道其可能性但却不能理解的唯一的理念[在这里必须指出：康德所说的"自由"（意志自由或自由意志）正是他的一个没有根据的先验假设。因为在康德看来，"自由"作为一个理念是不可知的，因为他说："在我们之中和在人类本性之中，我们都不能证明自由为真"（参见《道德形而上学基础》孙译本，第 55 页）]，这是因为自由是我们所知道的道德法则的

[**先决**]**条件**。[这里还有一个重要的注释说:"**自由**(即先验的自由)诚然是道德法则的**存在理由**(即存在的根据)(按照康德的方法论,意即:从**存在论**或**本体论**来说,没有先验的自由就没有**实践的自由**,更谈不上**行动的自由**,这是从先验到经验、从一般到特殊、从抽象到具体的前进性的生成过程或综合过程),而道德法则却是**自由**[即自由行动]**的认识理由**[即认识的根据]。(按照康德的方法论,意即:从**认识论**来说,没有道德法则和行动自由,就无法认识到先验的自由,这是从经验到先验、从特殊到一般、从具体到抽象的回溯性的认识过程或分析过程。)"在康德看来,这两方面并不自相矛盾。(参见郭立田《康德〈纯粹理性批判〉文本解读》"引论"中的"科学方法论",黑龙江大学出版社 2010 年版)]而上帝和不朽则不是**道德法则**的前提条件,而只是被这条法则所规定的**意志**(**Wille**)的必然客体(**至善**)的前提条件[这就是说,为了达到至善的道德目标,必须假定**上帝和灵魂不死**的理念],即我们纯粹理性的单纯实践应用的前提条件。因此,在这种实践的关联中,这两个理念(上帝与不朽)的可能性是能够和必须被加以**认定**[假定]的。这样,对于思辨理性而言,这两个信念虽然有了一个单纯的主观根据,但是这个根据对于既是纯粹的又是实践的理性来说则是客观而有效的,而且这个主观根据凭借着自由概念还使上帝和不朽两个理念获得了客观实在性和权限,甚至还带来了非认定这两个理念不可的作为纯粹理性的一种需要的**主观必然性**。这样一来,理性的**实践应用**与**理论应用**的诸要素就结合起来了。[这样,在康德看来,整个形而上学体系就构成了,其中包括**自然形而上学**与**道德形而上学**。]

　　接着[第5—7段],关于理论理性与实践理性的关系。康德认为,如果不用迂回的演绎而能解决上帝、自由和不朽这样一些课题,固然能令思辨理性更为满意,但是为着在理性的**道德应用**中寻找并确立这些概念,而思辨理性又无法为它们的可能性寻得充分的保证,就必须动用批判的武器。这样理性的批判之谜就首次解开了这样的问题:为什么我们在思辨理性里**否定**了各种范畴,即**上帝**(**Gott**)、**自由**(**Freiheit**)、**不朽**(**Unsterblichkeit**)的概念在超感性应用中的**客观实在性**,而鉴于实践理性的客体[至善]的需要又承认它们的客观实在性,这似乎是前后不一贯的。但是现在通过对理性的**实践应用**的分析,我们就明白了:这里所说的实在性并不是**范畴**[即纯粹知性概念]向超感性界的扩展,而是因为这些概念[范畴]在与实践的关联中毕竟会有一个**客体**[至善],从而使它们或者包含在先天必然的**意志规定**[**自由**]中,或者与意志的对象不可分割地联结在一起(上帝与不朽),这样一来,那个前后不一贯就消失了。现在实践理性并未与思辨理性约定就**自身独立地**(**für sich selbst**)给因果性范畴的超感官对象——自由[即意志自由或自由意志],提供应用中的实在性。这样一来,就连在思辨理性的批判中,在**内部直观**那里被看成**现象**[显象]的**思维主体**(**denkende Subjekt**)[即人、自我、心灵]在实践理性的批判中也被完全证实,并且被看成**自由的主体**,使自己同时成为**本体**,又成为**现象**[显象]。[这样,对康德而言,在实践理性那里现象与本体的二元论与本体的不可知论就消除了。]

再接着[第8—10段],关于该书的体系。康德说,他在这里对纯粹思辨理性的各个概念和原理又重新考察一次,因为理性及其概念已经转移到另一种应用[即理性的实践应用],而与理性在别处的应用[指理性的理论应用]就完全不同了。[这里是指:在第一批判(《纯粹理性批判》)的"分析论"中的次序是:直观(感性)—概念—原理,而在本批判(《实践理性批判》)的"分析论"中的次序是:原理—概念—感性。(参见《实践理性批判》邓译本,第122—123页)]康德称这两种应用为"新旧两条路径",而新路径就包括对"**自由**"（freihet）这一概念的实践应用的考察。而在康德看来,"自由概念对于一切经验主义者来说都是一块绊脚石,但对于批判的道德学家[包括康德自己]来说却是打开最崇高的实践原理的钥匙,后者[道德学家]通过这个概念领会到:他们不得不以理性的方式行事"。[这样康德就宣布了他的以先验的"自由概念"为核心的**道德学说**的创立。]

再接着[第11—13段],关于心灵的两种能力。康德认为,人类心灵 的 两 种 能 力（zweier Vermögen des Gemüts）,即 **认 识 能 力** （**Erkenntnisvermögen**）和**欲求能力**（**Begehrungsvemögen**）。[即前面所说的"实践能力",当时他还没有打算写《判断力批判》,所以只谈心灵的两种能力。而在《判断力批判》中,他才提到心灵有三种"**能力或机能**"（**Seelenvermögen，oder Fähigkeiten**）或**全部心灵的能力**（**Vermögen des Gemüts**）（见《判断力批判》邓译本,第11、33页）。而且,他有时说"心灵"（Gemüt）的能力,有时又说"灵魂"（Seele）的能力,可见在康德那里灵魂与心灵是不做区分的,其实两者是有区别的:"**心灵**"（**Gemüt**）不过是"**灵魂**"（**Seele**）的现象,反过来,"灵魂"（Seele）不过是"心灵"（Gemüt）的本体。]他给**欲求能力**下定义说:"欲求能力是存在者（人——笔者注）的这种能力,即通过其表象（观念——笔者注）而成为该表象的对象的现实性之原因的能力。"（见《实践理性批判》邓译本,第9页注1）他说,当事关人类心灵的一种特殊能力（即欲求能力）时,首先要运用分析的方法从其各部分（各要素）开始,详尽描述它们的每一个。其次（第二步）,还要颇带哲学建筑术意味地用综合的方法,"这就是说,要正确地把握整体的理念[即'自由范畴',见《实践理性批判》韩译本,第72页'自由范畴表'],并且从这个理念出发,在所有那些部分的彼此交互关联里面,借助于从那个整体的概念将它们推导出来的方式,在同一个纯粹理性的能力之中考虑这些部分"(见《实践理性批判》韩译本,第8页)。康德认为,两个批判正是运用这种方式查明了认识能力和欲求能力的**先天原则**(**Prinzipien a priori**),从而使理论哲学与实践哲学的稳固基础奠立起来。

最后[第14段以后],是对休谟的经验主义的批驳。

导言：实践理性批判的理念

[提示]这里所说的实践理性批判的理念，指的是实践理性的基本信念和原则。"导言"虽然只有两小段，但在行文上也体现了非常晦涩难懂的风格，不过对理解该书倒还是非常重要的，因此值得细读。

关键词语：意志的规定性根据、意愿、自由概念、理性的理论应用与实践应用、思辨理性的布局与实践理性批判的布局、源于自由的因果性法则、纯粹的实践原理

[**第1段**]，纯粹理性的两种应用。康德认为，理性[即纯粹理性]的理论应用[其定义是："理性的理论运用就是那种我借以先天地（作为必然的来）认识到某物存在的运用；但实践的运用则是那应当发生的事情借以先天被认识到的运用。"（《纯粹理性批判》邓译本，第499—500页）]处理的是"单纯认识能力的对象[作为显象总和的自然]"，并着眼于这种应用的理性批判，根本上只涉及纯粹的认识能力，因为这个能力曾引起疑虑，而且这个疑虑后来也得到了证实，这就是：这个能力容易逾越它的界限而迷失于不可达到的对象[灵魂、世界、上帝]或甚至相互冲突的概念中[辩证推理，例如二律背反]。而理性的实践应用则不然，它处理的是意志的**规定性根据**（**Bestimmungsgrund**）[邓译本作"规定根据"（即"规定性根据"），但韩译本作"决定根据"也有一定道理，因为康德在《实践理性批判》中坚

1

持的是道德法则的形式唯心论,即形式决定论]。而在康德看来,意志或者是产生与其表象相符合的对象的能力,或者竟是自我规定[即自我决定]而导致这些对象的能力(不管作为一种自然的能力能否做到这一点),也就是规定其自身的因果性[即下面要说的自由的因果性或自由的原因性]的能力。但有一点,这里理性至少足以规定意志,而且如果只事关**意愿(Wollen)**,那么理性总还具有客观实在性。现在的问题是,纯粹理性是否自身就足以规定意志,或者它只有作为以经验为条件的理性[即纯粹知性(见《实践理性批判》韩译本,第59页)]才能成为意志的规定性根据呢? 这样就引出了一个概念,即**自由概念**,它是由纯粹理性批判证明其有正当理由但无法经验性地描述的因果性概念(即自由的因果性概念)。现在如果我们能够找到根据证明:自由这一特性属于人的意志(同时也属于包括人和上帝在内的一切理性存在者的意志),那么这就不但表明了纯粹理性能够是实践的,而且还表明唯有这样的理性(而不是以经验为条件的理性,即纯粹知性),才是无条件地实践的(即自由的)。因此,我们无须从事纯粹的实践理性批判,而只需从事一般的实践理性批判。因为纯粹理性一经证明是存在的,就无须再批判了。康德进而指出,正是纯粹理性自身包含着批判其全部应用(包括理论应用和实践应用)的准绳。因此,一般实践理性的批判就有**责任**去防范以经验为条件的理性(纯粹知性)想要单独给出意志规定性根据的狂妄要求(因为事实上它做不到这一点)。因为只有纯粹理性的应用(这里指实践应用)才是内在的,即"在可能经验范围之内来应用的"(见《纯粹理性批判》邓译本,第260页),而自封为王的以经验为条件的理性(即纯粹知性)的应用(即对包括灵魂、世界、上帝在内的理念对象的应用)则是超验的,并表现在完全逾越自己领域（经验领域）以外的种种无理要求和号令之中。上面这种说法刚好与纯粹理性就其理论理性的最高应用——思辨应用（对灵魂等超验对象的应用）中所说的相反。（因为在那里，纯粹理性说：纯粹理性的理论理性的应用只能限于经验的范围，而纯粹理性的思辨应用则是一种超验的应用，只能陷于自相矛盾。）

[**第 2 段**]，关于该批判体系的布局。康德认为，正是对纯粹理性的这种认识，构成了其实践应用的基础，所以实践理性批判的布局在大体上必须按照思辨理性（理论理性）的布局来安排。（这就是说，第二批判与第一批判两个体系的布局应当大体一致。）于是实践理性批判就必须分为**要素论**与**方法论**，而要素论又分为**分析论**与**辩证论**。只是分析论的布局次序与前一批判中分析论布局的次序正好相反。所以这里的第二批判分析论的布局次序是：**原理—概念—感觉（感性）**[分别体现在"原理论"、"概念论"与"动机论"三章中]，而第一批判分析论的布局次序是：**感觉（感性）—概念（范畴）—原理**[分别包含在"先验感性论"、"先验分析论"—"概念分析论"与"先验分析论"—"原理分析论"三个篇章中]。这种布局次序的根据是：在第二批判中要处理的是**意志**，并且不是从意志与其对象的关系中，而是从意志与其因果性的关系中来考虑理性（即纯粹理性）。因为不以经验为条件的因果性（即自由的因果性或意志自由）必须先行，然后我们才能设法确定关于这样一种意志（**自由意志**）的规定性根据的概念，确定这些概念在其对象上，最后在其主体与主体在感性上的运用。于是源于**自由的因果性法则**（*Gesetz der Kausalität aus Freiheit*）（道德法则），即任何一个实践原理，在这里不可避免地要成为开端，并且规定着唯有这些原理才能与之相关的那些对象（例如自由、善恶、德性、幸福、至善等）。

第一部　纯粹实践理性要素论

第一卷　纯粹实践理性分析论

第一章　纯粹实践理性的原理

第一节　解题

[提示]康德按照"实践理性批判""分析论"的布局,从纯粹实践理性的原理开始展开论述。这里是破题,主要讲主观的[行动]准则与客观的实践法则的关系。

关键词语:实践原理、实践规则、准则(即行为准则或行动准则)、实践法则

实践原理是包含意志的一般规定的一些命题,这种规定在其自身之下包含更多的**实践规则**。如果主体(人)以为这种条件(即原理和规则)只对他个人的意志有效,那么这些原理就是**主观的**,这就是**准则**(**Maximen**)[即"**行动准则**"或"**行为准则**"(**Maxime der Handlung**),首见《道德形而上学基础》孙译本,第31页,又见《实践理性批判》邓译本,第95页];而如果主体认识到这种条件是客观的,即对每一个理性存在者(人)的意志都有效,那么这些原理就是客观的,这就是**实践法则**(**praktische Gesetze**)[即道德法则(参见《纯粹理性批判》邓译本,第500页)]。

[这里要特别注意**实践法则**的定义。这样一来**实践原理**或**实践规则**就被区

分为行为准则（Maxime der Handlung）与实践法则（praktisch Gesetz）。这里要注意以下概念：原理（Grundsätz）、规则（Regel）、准则（Maxime）、法则（Gesetz），并注意其区别。］

注释

关键词语：命令、应当、假言命令、定言命令

我们如果认定，纯粹理性能够在其自身中就包含一个实践的、足以规定意志的根据，那么这就是**实践法则**［这是康德的一个先验的假设，他把它作为实践理性批判的理论大前提来使用，难怪有人批评康德在反对一切独断论的同时自己也在犯"独断"的错误］；否则一切实践原理都将是单纯的准则。接着他举了一个准则与法则冲突的例子：一个人由于受本能刺激的左右，而把受辱必报立为自己的行为准则，但如果他把这一准则当作每一个理性存在者的**意志规则**（即道德法则），那么他就自相矛盾了。康德解释说，在自然知识中一切发生的事件的**原则**（**Prinzipien**）同时就是自然法则，因为在那里理性的应用是理论应用，是由客体（自然界）的**性状**（**Beschaffenheit**，性质、状态）规定了的。而在实践知识中，人为自己所制定的**原理**（**Grundsätz**）并不就是他必须服从的法则，因为理性在实践应用中处理的只是主体（即他自己的欲求能力），而由原理所确立的规则会取决于欲求能力的特殊性状，因此带有个人色彩。但**实践规则**始终是理性的产物［即理性的认识能力与欲求能力（实践能力）相统一的产物］，因为这种规则把**行动**规定为达到作为目的的效果的手段。但是对于某个并非完全以理性为意志的唯一规定性根据的存在者（人）［有杂念的人］来说，这种规则就是一种**命令**［律令］（**Imperativ**），它表达了对行动的客观强制性的**应当**

（**Sollen**），这种应当是指：如果是理性完全规定意志，那么他的行动就会不可避免地按照这个规则发生。这时命令就是客观有效的，与作为主观原理的准则完全不同。但**这些命令**有两种情况："**要么只从其效果及效果的充分性来考虑，用来规定理性存在者的起原因（Ursache）作用的那些因果性条件（die Bedingungen der Kausalität）**［这里只考虑意志发出命令的效果］；**要么它只被用来规定**［发出命令的］**意志本身**，而不问其能够达到什么样的效果［这里只考虑发出命令的**意志本身**］。"［此处引文已重译。］前者是**假言命令**，仅仅包含着**技巧性的规范**（**Vorschrift der Geschicklichkeit**）［即技巧性规则，或手段性规则（手段与目的相比，目的是一，是原则，而手段则是多，是方法），可做出多种选择，因人因事而异］，是有条件的；而后者是**定言命令（或绝对命令）**，是无条件的，是唯一的实践法则。所以准则虽然是一些原理，但不是命令。康德认为一切命令都有必然性，但假言命令则带有主观的必然性，而定言命令（即绝对命令）是理性的立法，必须只以它自身为先决条件，因此定言命令才是客观必然有效的。

第二节　定理一

［**提示**］这个所谓的定理是一个否定性的原理，说的是实践法则不能是什么。

关键词语：实践原则、实践法则、欲求能力的质料、现实性、原则

定理一被表述为："**凡是把欲求能力的客体**［即对象］**（质料）预设为意志的规定性根据的实践原则，全都是经验性的，并且不能充当任何实践法则。**"

康德解释说:"所谓**欲求能力的质料**,我理解为是使所**欲求的东西**取得**现实性**的一种对象［这种对象就是具有现实性的对象,即感性的或经验的对象］。"他指出,如果对于这个对象的欲望先行于**实践规则**,并且是使这种［实践］规则成为**自己的**［**实践**］**原则**的条件,那么就应当说:**第一**,这条原则始终是经验的,因为这样一来,**独断**(**Willkür**)［指**独断的意愿**］的**规定性根据**就是客体的表象［即作为显象的客体的表象］以及客体与主体的关系,而欲求能力就是通过这种关系而被指定去实现那个客体的。但是意愿(欲求)对主体的这种关系就是由对象的**现实性**(即感性化、情感化)［即感性对象］所引起的**愉快**(**Lust**)。这样一来,我们就必须设定(假设)这种愉快是对意愿规定的可能性条件［这就是说,愉快成为意志规定的可能条件］。但是我们对任何一种对象［指感性对象］的表象都不能先天地知道,因此这种关于对象的表象与愉快或不快是否联结在一起也无从说起。这样一来,意愿的规定性根据就必然是经验性的,因此以经验性的规定性根据为前提的实践的**质料原则**也必定是经验的。［因此就应当被否定。］

第二,一个以愉快与不快(既然它们与经验相关,就不能对一切理性存在者同样有效)的接受性(感受性)的主观条件为基础的**原则**虽然能够成为接受性的**主体的准则**［即行为准则］,但不能成为这个主体自身的法则(因为它缺乏那必须被先天认识的客观必然性),**所以这样的原则绝不能给出实践法则**。［这是结论］。

第三节　定理二

［**提示**］这一定理是前一定理的展开,仍然是否定性的。

关键词语:幸福、自爱原则、质料原则、低级欲求能力、高级欲求能力

这一定理的表述是:"**一切质料的实践原则本身都是同一种类,并且从属于自爱(Sellbstliebe)或个人幸福的普遍原则。**"

康德解释说,由事物的实存的表象[即感性直观]而引起的愉快是以主体的**接受性**(即**感受性**)为基础的,因为它依赖于对象的**存有**(实存),从而属于感觉(情感),而不属于知性,因为知性依照概念来表达表象与一个客体的关系[这是在第一批判中已经说清了的],而不是依照情感(感觉或直观)来表达表象与主体的关系[因为知性并不牵涉情感与主体的关系,那是感性(即内感)的事情]。

于是结论就是:只有在主体期待于对象取得**现实性**[即期待于对象的实存或实际存在]的那种愉悦感规定着欲求能力的范围内,这种愉快才是实践[属于实践或行动范畴]的。但是一个理性存在者关于贯穿他整个存有的人生愉悦的意识就是**幸福**[这是幸福的定义],而使幸福成为意愿的最高规定性根据的原则就是**自爱原则**。所以一切质料原则既然把意愿的规定性根据置于从任何一个对象的现实性那里感受到的愉快与不快之中,又在它们一并属于自爱原则或个人幸福的范围内,都属于同一类别[即同属于感性的原则]。

系定理

定义:"一切质料的实践规则都把意志的规定性根据置于低级的欲求能力之中,如果没有足以规定意志的**单纯形式的法则**(**bloß for-malen Gesetze**)[即形式法则],那么任何高级的欲求能力都可能得不到承认了。"[这里康德提出了他的关于单纯形式的意志法则的形式唯心论思

想,即先验形式决定论思想。("形式唯心论"的提法见《纯粹理性批判》邓译本,第 405 页附注)]

按照**注释一**,由现实事物(或现实对象)而产生的表象即使来自知性,但这种表象只有通过设定于主体中的愉快情感[这种情感属于内感]才能规定意愿,那么这个表象之所以是意愿的规定性根据,就完全取决于其内感官的性状,也就是取决于人的内感官能被这种表象刺激起愉快的情感来这种性状。这样的对象的表象无论如何不同,即不管是知性表象(概念)、感觉表象(直观)还是理性表象(理念),只要它们是成为意志的规定性根据的愉快情感,就同属一类,即同属低级欲求能力。相反,纯粹理性**必须自己单独地是实践的**(**muß für sich allein praktisch sein**),即通过**实践规则**(**praktischen Rege**)的单纯形式规定意志,而无须任何情感作为前提,因而无须愉快或不快的表象,即欲求能力的质料表象,而这种质料在任何时候都是诸原则的经验性条件。这样一来,理性只有在**它自身单独地规定意志**(**sie für sich selbst den Willen bestimmt**)(而不对偏好服务)时,才是受本能规定的欲求能力(即低级欲求能力)依附于其下的真正**高级欲求能力**。这样,纯粹理性以一个实践法则直接规定意志,而不借助于愉快和不愉快的情感,单凭它作为纯粹理性是实践的这一点,它就使立法成为可能了。

按照**注释二**,关于行动准则与实践原则的区别,康德说:求得幸福是一切理性的有限理性存在者(人)的愿望,也是他的欲求能力的一个不可避免的规定性根据。因为他对自己整个存有的满足不是某种天然的禀赋和洪福,而是一个由他自己的有限本性强加给他的,因为人们总是有所需求,而需求又涉及人们的欲求能力的质料,即涉及与构成其主观基础(根据)的愉快与不快情感相关的东西,正是这种情感规定了人们为满足于他们的状态所必需的东西。但是这个质料上的规定性根据只能经验性地被主体所认识,因此不能把它视为一个法则,因为法则客观地在一切场合对一切理性存在者包含着意志的同一个规定性根据。但幸福概念虽然到处构成了客体与欲求能力的实践关系的基础,但它毕竟只是那些主观的规定性根据的通称。这样自爱或个人幸福原则就只能是主观的规定性根据,只是经验性的、主观有效的,因此不能成为一个法则,而只是一个[**主观的**]准则。而法则则具有完全客观的而非主观的必然性,并且是由理性先天认识到的,而非通过经验认识到的。**因此主观的实践原则绝不允许被表象化为客观的实践法则。**[这是又一个结论]。

第四节　定理三

[**提示**]这一定理正面回答了什么是实践法则。

关键词语:实践原则、实践法则、质料、形式

定理三的表述是:"如果一个理性存在者应当将他的[行动]准则思想为普遍的实践法则,那么他只能把这些准则思想为这样一种原则,它们不是依照质料而是依照形式包含着意志的规定性根据。"

接着是解释:实践原则的质料是意志的对象,而这种对象有两种可能,它或者是意志的规定性根据,或者不是。如果它是,那么意志的规则就会依附于经验条件(即起规定作用的表象与愉快和不快的情感相关联),这样实践原则中含有的意志规则就不是一条实践法则。现在,如果我们把一切质料,即意志的每一个[现实性]对象(作

为意志的主观规定性根据）都排除掉，那么在一个法则那里除了普遍立法的**单纯形式**以外就什么也不剩了。于是一个理性存在者就有两种选择：或者完全不把他的主观的实践原则，即准则同时思想为普遍法则；或者必须假定，唯有这种准则的**单纯形式**，即据以使自己适合于普遍立法的那个**单纯形式**，才可以使主观的实践原则**自己单独地**（**für sich allein**）［即不靠任何别的情感性东西地，韩译本作"**自为地**"，邓译本作"**独立地**"］成为实践法则。［重要主观的行为准则就提升为客观的实践法则。这里实践原则（即准则）被区分为质料与形式两方面，前者成为主观的行动准则，后者成为客观的实践法则。］而按下面注释所说："实践法则必须具有普遍立法的资格"，并且"这是一个同一性命题，因而是自明的"。

[**短评**]这是康德对其实践法则的正面论述，他的基本观点就是：当人们假定自己的行动准则适应于普遍立法的单纯形式时，他的主观的行动准则就会自动被提升为实践法则，而最后达到**至善**的境界。这就是康德道德观中的先验的形式决定论，即先验的形式唯心论。以这种理论来规范人们的**道德行动**当然是苍白无力的，但其积极意义在于强调了道德主体（人）的自由意志的自觉能动性。

注释（略）。

第五节　课题一

[**提示**]这个课题是从实践法则推出自由或自由意志。

关键词语：意志的性状、意志的法则、自由、自由意志

课题一的表述是："[**既然**]设定了唯有准则的单纯立法形式才是

意志的充分规定性根据[作为实践法则的规定性根据]，那么就试试发现[即推出]那只有通过它[实践法则]才能规定意志的性状。"

康德论述说：因为法则的单纯形式只能由理性来表象[表现、表达]，因而它不是感性的对象，也不属于显象。因此这种作为单纯形式的意志规定性根据[实践法则]之表象就区别于自然界中按因果性法则所发生的事件的所有规定性根据，因为它们属于显象的范围。但是如果除了那个普遍的立法形式外，并没有其他意志的规定性根据，**用作意志的法则**，那么这样一个意志就必须被思想为完全独立于显象的自然法则或机械的因果性法则[之外]。而这种**意志法则的独立性**，从其先验意义上说就是自由。因此，**只有一个其行动准则的单纯立法形式能被作为法则的意志，就是自由意志**（freier Wille）。[这是自由意志的定义（已重译），这样康德就从先验的自由推出了自由意志。当然这是一种以他的先验的形式唯心论和先验的形式决定论为依据的先验的推论，这是难以令人信服的。]

第六节　课题二

[**提示**]这个课题是从自由意志出发推出规定它的法则。

课题二的表述是："**假定一个意志是自由的，那就试试去发现只适宜于必然地规定它的那个法则。**"

康德论述说：因为实践法则的**内容**[即质料]，即[行动]准则的客体[即欲求能力的客体或对象（质料）]，绝不能以经验之外的方式被给予，但自由意志必须既独立于经验条件，又是可以规定的，因此一个自由意志就必须既独立于实践法则的质料，又在法则之中觅得其规定性根据。而在一条法则里除了它的质料外，还包含着它的**立法形式**。[可见不仅行动准则，就是实践法则本身也包含质料和形式两个方面。]因此这个**立法形式**，就其包含在准则之中而言，是唯一能够构成意志的规定性根据的东西。[而这就是作为**单纯形式的实践法则**或**道德法则**。][这里康德再次把实践法则即道德法则区分为内容（质料）与形式两个方面，他根据他的形式决定内容的先验论，即形式决定论，把道德立法的形式确定为实践法则即道德法则的规定性根据。当然，康德的道德立法理论不过是一个先验的假设而已。]

注释

康德认为，自由和无条件的实践法则是**相互呼应**的。[按他的说法：自由是道德法则的**存在理由**（即本体论根据），道德法则是自由的**认识理由**（即**认识论根据**）。因为如果道德法则不是预先在我们的理性中被明白地思想到，那么我们就决不会认为我们有正当理由去认定某种像自由一样的东西（从认识论看，没有道德法则就无法认识自由）。但是反过来，假如没有自由，道德法则就不会在我们心中找到（从本体论来看，没有先验的自由就无法找到道德法则）。因此，自由与实践法则是相互呼应的。]但康德追问，关于实践问题的认识应该从自由还是从实践法则开始？他认为不能从自由开始，因为我们既不能直接认识到它，也不能根据经验提取出它。因此我们只能从**道德法则**（moralische Gesetz）[即德性法则、实践法则]开始，因为它首先展现在我们面前，我们能**直接地认识到它**。[其实这个理由也不过是经验之谈，是不能令人信服的。]而且由于理性把它呈现为不让任何感性条件占上风并且让它完全独立于感性的（主观的）规定性根据，道德法则就径直导致自由概念。但道德法则的意识是如何可能的呢？他

回答道：我们之所以能够意识到**实践法则**［可见道德法则与实践法则是同
一个东西］，就像我们能够意识到纯粹的**理论原理**［见第一批判：原理分析
论］一样，是因为我们注意到理性给我们颁行的纯粹实践法则的必然
性，注意到理性把经验条件都排除出去了。而如果从自由概念出发，
那么在现象［显象］中就没有任何东西能够得到解释，相反，在这里**机
械作用**［因果必然性］永远应当充当导线，而且当纯粹理性想要上升到
原因系列中的无条件者时，就会陷入二律背反。所以，如果不是有道
德法则以及与它一起的实践理性的加入并把自由概念强加给我们的
话，我们是永远不会冒险把自由引入科学中来的。于是人们就断定，
他能够做某件事情，是因为他意识到他应该做这件事情，他在自身中
认识到了如无道德律原本不为他所知的自由。[**这样康德就认为，他理
清了自由和实践法则两个概念的从属关系和先后次序。**]

第七节　纯粹实践理性的基本法则

康德把纯粹实践理性的基本法则表述为："**要这样行动，使得你
的意志准则的任何时候都能同时被看作一个普遍立法的原则。**"[这是
一个先天综合命题(参见康德《实践理性批判》邓译本，第 39 页)。]

注释

康德首先举几何学例证说，纯粹几何学有其作为实践命题的公
设，这种公设无非是这样一种设定：如果我们被要求**应当**去做某种事
情，我们就**能够**做某种事情，这就是一个几何学中仅有的关涉到**存有**
(**Dasein**)的命题。[例如：如果教师要求学生应当用三条线段围成一个三角
形，那么学生就**能够**在纸上或黑板上把现实的三角形画出来。]所以这样的命

题也是在意志的某种或然条件(即可能条件)下的实践规则。而这里,在**实践理性领域**,这条规则说的却是:**人们应当绝对地[无条件地]以某种方式行事**。因此这条实践规则是无条件的,从而是作为实践的定言命题[绝对命令]被先天地表象出来的,借此意志是绝对地和直接地(通过作为法则的实践规则自身)[这里:实践规则自身=法则],并且客观地被决定。这里纯粹的**实践理性自身**(**an sich praktische Vernunft**)是直接立法的。这样,意志被思想为独立于经验条件,从而作为**纯粹意志**(**reiner Wille**)[就像纯粹直观、纯粹概念、纯粹理念一样,仅仅是一种形式],即法则的**单纯形式**[即"**纯粹实践法则**"(见《实践理性批判》邓译本,第58页)],而这个规定性根据也被视为一切准则的**最高条件**[即最高的形式条件]。康德解释说,这样一来,把一条只服务于原理的主观形式的法则通过一般法则的**客观形式**[对康德而言,正像时空、范畴、理念等认识的先天形式均为客观的一样,这里实践法则的单纯形式也是客观的]设想为一个规定性根据,就至少不是不可能的了。康德进而提出,我们可以把这个**根本法则**(**Grundgesetz**)的意识称为理性的一个事实,它不是我们能从先行的理性资料中,例如自由意识中,推想出来的,而是**它本身**(**sich selbst**)作为**先天综合命题**[它之所以是先天综合命题,是因为它首先是一个来源于先天的理性认识能力的先天命题,其标志是它具有普遍性与必然性,其次是主观的意志准则并不分析地包含着具有客观实在性的立法原则,而是对主观的行为准则有所添加,所以是一个综合命题,因此**总的看来是先天综合命题**。],被强加给我们的,它既不建立在纯粹直观上面,也不建立在经验性直观上面。虽然如果我们预设了意志的自由,它同样会成为分析的,但这种意志自由作为一个积极的概念就需要某种理智直观,而这是根本不能接受的。但为了把这一法则准确无误地视为被给予的,就必须注意一点:它不是任何经验性的事实,而是纯粹理性的**唯一事实**,纯粹理性借此事实而宣布自己是原始立法的。［这样看来,纯粹的实践法则就作为纯粹实践理性的根本法则确立起来了。当然,这种法则完全是**先验的**和**苍白无力**的。］

系定理

关键词语:道德法则、意志准则、纯粹意志、德性法则、无限存在者、神圣意志、命令、义务、实践理念、德行

表述:"**纯粹理性是自己单独地(für sich allein) 实践的,并且提供(给人) 一条我们称之为德性法则(Sittengesetz) 的普遍法则。**"［这样看来,纯粹实践理性的根本法则不是别的,就是以纯粹理性为基础的**纯形式的道德法则或道德律**。］

注释

康德认为,上面提到的事实,即纯粹实践法则是纯粹理性的"**唯一事实**",是无法否认的。他说,人们只要解析一下人类对自己行动的合法则性(合法性)所下的判断,就会发现,不管这中间他们按**偏好**(**Neigung**,爱好)说了些什么,而他们的廉洁自守的**理性**,因把自己视为先天实践的,总会把自己行动的意志准则摆在纯粹意志［自由意志］面前,即摆在理性自己面前。现在,理性为了立法的普遍性而不顾意志的主观差异而使德性原则成为意志的最高的**形式规定性根据**。于是理性就宣称这个德性原则对于一切理性存在者来说是一个法则［即德性法则］,只要这个理性存在者一般地具有意志,即具有通过规则的表象来决定其因果性的能力,从而只要这个理性存在者按照**先天的实践原则**［实践法则］去行动。在康德看来,这样一种作为法则的德性

原则(德性法则)并不限于人类,而且也扩展到一切具有理性和意志的存在者,甚至包括作为最高理智的无限存在者[上帝]。但在人类这里,这种法则具有一种**命令的形式**,因为我们虽然设定作为理性存在者的人类具有纯粹意志(自由意志),但我们无法设定作为受需要和感性动机刺激的存在者的人类具有神圣意志,即这样一种意志,它不可能提出任何与道德法则相抵触的准则。因此,**道德法则对人类而言就是一个命令(Imperative)**[即中国古代所谓的"天命"或"天道"],而且是用定言方式提出来的[即必须服从的"定言命令"或"绝对命令"],因为这条法则是无条件的。而意志与法则的关系就是以**责任**(**Verbindlichkeit**,约束)为名的**从属性**,而这种从属性就意味着对行动的一种强制性——凭借单纯理性及其**客观法则的强制性**,这种行动因此就叫**义务(Pflicht,义务、责任)**。["义务"是康德伦理学中占有中心地位的重要而关键的概念。康德在《道德形而上学基础》中给义务所下的定义是:**"义务就是出自对法则的敬重的一个行为的必然性。"**(李秋零主编:《康德著作全集》第4卷,中国人民大学出版社2005年版,第407页)]而在**全足的智慧者**[上帝]那里,**任意(Willkür,任意、任性)**[这里暗指全智全能的上帝的意志]是个**神圣的概念**,它即使不超越一切实践法则,也超越了**责任和义务**(**Verbindlichkeit und Pflicht**,这里的责任是指职责,似乎比义务更宽泛和笼统些)。康德认为,意志的这种**神圣性**就是一个充任**原型(Urbild)**的**实践理念**。对这一理念的无限趋近是一切有限存在者(人)唯一有权做的事情。这种理念是有限的理性存在者能够成就的极限,他们朝着神圣而纯粹的德性法则持续不断地进步,这就是**德行(Tugend,德行、品德、美德)**。[这样康德就从道德法则开始一步步推出了意志准则、纯粹意志、德性原则、无限存在者、神圣意志、道德法则、命令、义务、实践理念、德性法则、德行等概念。它们成为康德先验道德观的基本概念。]

第八节　定理四

[**提示**]这是原理论的核心定理,关涉到意志自由和意志自律,是理解康德道德形而上学的关键。

关键词语:意志自律、消极意义上的自由、积极意义上的自由、自由的自律、形式条件、意愿的他律、个人的幸福、他人的幸福、质料条件

表述:"意志自律是一切道德律以及与之相符合的义务的独一无二原则;与此相反,意愿的一切他律非但没有建立任何责任(**Verbindlichkeit**),反而与责任的原则,与意志的德性正相反对。"

下面是展开:

按康德的说法,德性的**唯一原则**就在于它对于法则的一切质料(即欲求的客体)的独立性,同时还在于通过一个准则必定具有的单纯的普遍立法形式来规定意愿。但是前者所说的独立性,是消极意义上[否定意义上]的自由,而后者所指则是纯粹的实践理性的**自己的立法**[即自我立法](**eigene Gesetzgebung**),这种**立法**是积极意义上[肯定意义上]的自由。而道德法则无非表达了纯粹实践理性的自律,即**自由的自律**(**Autonomie der Freiheit**),而这种自律本身就是一切准则的**形式条件**(**formale Bedingung**),唯有在这一条件下,一切准则才能与最高实践法则一致。因此愿望的质料如果进入了实践法则,并作为实践法则的可能性条件,那么从中就会产生出依从于某种冲动或偏好的**任意的他律**(**Heteronomie der Willkür**),即对自然法则的依赖。在这种情况下,准则绝不能在自身中包含普遍的立法形式,这与

纯粹实践理性的原则,从而也与德性意向正相反对。

注释一

自身带有**质料条件**的**实践规范**(Vorschrift)不应算在实践法则之列。因为纯粹意志是自由的,其**法则**把意志置于一个与**经验领域**完全不同的领域,而这种法则所表达的必然性,因其不应是自然的必然性,所以就只能是**一般法则**(Gesetz überhaupt)的可能性的**形式条件**(formale Bedingung)[即形式必然性或必然性形式]。而实践规则(即实践规范)的一切质料始终依赖于主观条件,这些条件使理性存在者获得的不是[绝对的]普遍性,而只是有条件的普遍性,是以个人的幸福为转移的。这种依赖性只能在经验条件中找到,因此绝不能充任**一条必然和普遍的规则**[即法则]的基础。这样一来,别的存在者(他人)的幸福就可以是一个理性存在者的意志客体。但是如果这种幸福(他人的幸福)成了准则的规定性根据,那么人们就必须设定:我们在他人的福利中不仅发现一种**自然的快乐**(natürliches Vergnügen),而且还发现类似同情心之类的东西在人类那里所引起的那种需要。但是我不能在每一个理性存在者那里都设定这种需要。因此,准则的质料虽然能够留存,但它并不是准则的条件,因为如果是那样,这个准则就不可以用作法则了。这样,对质料加以限制的法则的单纯形式,同时就是把质料补充给意志但并不以其为先决条件的根据。[这就是意志的唯一的先天根据。]就此康德认为,准则的质料或许是我个人的幸福,但如果我把这种个人幸福授予每一个人,那么就只有在我把别人的幸福也包括在我个人的幸福里面的时候,我个人的幸福才能成为客观的实践法则。所以康德认为,旨在促进他人幸福的法则并不来自它是每个人意愿的客体这一先决条件，而是基于这样的事实：理性为了给自爱的准则以法则的客观有效性所需当作条件的普遍性形式，是意志的［唯一］规定性根据。这样一来，客体（他人的幸福）不是纯粹意志的规定性根据，只有**单纯的合法则的形式**（**bloße gesetzliche Form**）才是纯粹意志的规定性根据，而且，通过这种合法则的形式，我限制我建立在偏好之上的准则，而使其获得法则的普遍性，并使这种法则适合于纯粹实践理性。他认为，正是由于这种限制，而不是由于附加上一个外在的动力（即偏好的动力），而把**我的自爱准则**也扩展到他人的幸福上去，这个**责任概念**（**Begriff der Verbindlichkeit**）才产生出来。［这样一来，个人幸福与他人幸福相结合才能使自爱准则上升到法则的高度。］

注释二

康德认为［第 1 段］，如果使个人幸福的原则成为意志的规定性根据，那么这就与德性原则相矛盾了，这种矛盾会将德性完全毁掉。接着是实例［第 2 段］……

接着［第 3 段］，**幸福的原则**虽然能够提供准则，但不能提供作为**意志法则**（**Gesetzen des Willens**）的准则，即使人们把普遍的幸福当作客体也不行，因为关于这种客体的知识只依赖于经验材料，绝不能给出普遍的规则。

再接着［第 4—7 段］，**自爱准则**只进行劝告，而**德性法则**（**Gesetz der Sittlichkeit**）则颁布命令，但人们劝告我们做什么和我们有**责任**做什么之间毕竟有着很大区别。按照意志自律的原则该做何事，是一望而知的；但以意愿的他律为先决条件该做何事，就难以把握了。而德性法则却要求每一个人一丝不苟地遵守,因此根据这一法则判定该做何事,每个人都会胸有成竹。对于德行的定言命令,每一个人都能承受,但对于以经验为条件的**幸福规范**却不是这样。因为前者取决于**真正而纯粹的准则**,而后者还取决于实现一个欲求对象的力量和自然能力。

接着[第8—9段],康德提出,在实践理性的理念中还有违反法则的**该当受罚**。但这种惩罚必须是有根据的。受罚者必须承认:他是罪有应得,他的遭遇与他的行动恰好相符。这样,在每一种惩罚里必须有**正义**(Rech,公正),它构成惩罚概念的本质。康德认为,惩罚是人身上的一种灾祸,它与道德上的恶结合在一起。

下面[第10—11段],康德列了一个表,以展示道德学说史上提出的各种"质料的德性原则",其中分为主观的与客观的、内在的与外在的。见表1(据韩译本)。

表1 道德原则(**Prinzip der Sittlichkeit**)中
实践的、质料的规定性根据

主观的

外在的:	内在的:
教育(按照蒙田)	自然情感(按照伊壁鸠鲁)
公民宪法(按照曼德维尔)	道德情感(按照哈奇逊)

客观的

内在的:	外在的:
完善(按照沃尔夫与	上帝的意志(按照克鲁修斯与
斯多亚派)	其他神学道德家)

接着[第11段]，康德解释说，上半部分所列各原则一概是经验的[主观的]，不足以成为普遍的德性原则。但下半部分所列各原则却是建立在理性基础上的[客观的]，因为**就连**（**als**）事物性状的**完善性**（**Vollkommenheit**）与表象为**实体中**的至上**完善性**（上帝）都只有通过理性才能被思维。但前一种完善性，即完善性概念，从理论意义上看，它无非意味着任何一物在其种类上的**完整性**（**Vollständigkeit**）（**先验的完整性**），或者意味着一物作为**一般物**[即自在之物]的完整性（形而上学的完整性），这里不谈[因为这属于理论理性范围]。而从实践意义上看[即从实践理性范围看]，是一种事物趋于各种目的的适宜性或充分性；而这种完善性作为人的性状，就其内在性来说就是天赋，而增强这种天赋的东西就是技巧（手段）。而实体中最高的完善性，即上帝，作为外在的完善性，是这个最高存者达到所有一般目的的**充分性**（**Zulänglichkeit**）。这样，如果目的必须预先给予我们，那么这两种完善性（我们自身的内在完善性与上帝那里的外在完善性）概念唯有在与这些目的相关联时才能成为意志的规定性根据，但是一个目的在实践规则规定意志之前出现，并且包含这种规定的**可能性根据**的作为客体的**目的**，从而这种作为客体的目的，就被当作意志规定性根据的意志的质料，这样的意志质料就始终是经验性的。所以它只能用于伊壁鸠鲁派的幸福学说的原则，而绝不能当作**道德学说**（**Sittenlehre**）和**义务**（**Pflicht**）的理性原则。于是康德得出结论：第一，这里列出的一切原则都是质料的[经验性的]；第二，它们囊括了一切可能的质料原则。于是最终的结论就是：既然质料原则完全不能用作最高的德性法则，所以纯粹理性的形式的、实践的原则是适用于做定言命令，即实践法则（正是它使行动成为义务）的唯一可能的原则，依照纯粹理性的形式、实践原则,那通过我们的准则而可能的普遍立法的单纯形式,必然构成意志的无上的和直接的规定性根据。[经过这样一番论述,康德就彻底告别了以往的道德学说,确立了他自己的先验形式决定论的单纯形式的道德法则。]

下面是两个重要的附加论点,即两个演绎。

一、纯粹实践理性原理的演绎

[提示]这里的"演绎"就是证明,证明道德法则不仅是存在的,而且与自然法则密切相关,它们一起构成一个完整的形而上学体系,可以说是对原理论的一个总结,因此是很重要的。其要点如下。

关键词语:感性自然、超感性自然、感官世界、理智世界、自由的能力、自律法则

首先[第1段],是总论意志自律与意志自由。康德论证说,纯粹实践理性的[原理]分析论已经证明,纯粹理性不仅是理论的,而且更重要的,是实践的,即它能够不依赖于任何经验性的东西自己单独地(für sich)规定意志,而且它(纯粹理性)是通过一个事实做到这一点的,我们的纯粹理性就是通过这个事实证明自己实际上是实践的。这个事实就是纯粹理性借以规定意志去行动的德性原理(Grundsatze der Sittlichkeit)中的自律(即意志自律),而且与意志自由的意识不可分割地联系在一起,它们甚至是毫无二致的。正是因为这样,理性存在者(即人或人类)一方面由于属于感觉世界而认识到自己与其他起作用的原因一样,必然从属于因果性法则,但另一方

面,自己在实践中作为**自在的存在者本身**(**Wesen an sich selbst**)(人本身),意识到自己是一个能在事物的理智秩序中被规定的**存在者**(**Dasein**),虽然这不是缘于自己的一种特殊的直观(即非感性的理智直观),而是缘于某种能够决定其(人)在感觉世界中的因果性的动力学法则,这就是自由(即自由的因果性),这就使我们置身于事物的一种理智秩序之列(即理智世界的秩序)。

其次[第2段],关于两种分析论。康德认为,在纯粹思辨理性分析论中最初的材料不是原理,而是纯粹的感性直观(即空间与时间[它们被列入"要素论"第一部分]),正是这种纯粹直观使关于感官对象的先天知识成为可能。而综合原理(即纯粹知性的综合原理)只有在与感性直观(即可能经验的对象)相关联时才能产生。而超越经验对象之外,就本体的事物来说,思辨理性就被剥夺了其知识的一切积极意义。但思辨理性毕竟做出了贡献,那就是它稳固地建立了本体概念,使消极意义的自由得以保存下来,与纯粹理性的那些原理完全相容,只是它并没有使像本体这样的对象得到认识,甚至切断了这方面的一切展望。[**这是在《纯粹理性批判》中说清了的。**]

但是[第3段],**道德法则**虽然也不能提供这种展望,却提供了感官世界和理论理性应用的整个范围内绝对无法解释的事实,正是这一事实指示了纯粹知性的世界[理智世界],乃至积极肯定地规定了它,并让我们认识到有关它的某种东西,这就是某种法则(即实践法则或道德法则)。

不过康德认为[第4—5段],这个法则应当给作为**感性自然**(**sinnlichen Natur**)的感官世界谋得知性世界的[**单纯**]形式,即**超感性自然**(**übersinnlichen Natur**)的[**单纯**]形式,而不中断感性自然的机械[因果]作用。[注意两种自然的提法,这是《纯粹理性批判》中没有提到的,其目的无非是把实践理性批判与纯粹理性批判、道德形而上学与自然形而上学结合在一个体系中。]这样,自然在普遍意义上说,就是物在法则之下的实存。一方面,**理性的一般存在者**(vernünftiger Wesen überhaupt)的感性自然就是他们在以经验为条件的那些法则[如因果性法则]之下的实存,这种感性自然对理性来说就是**他律**。而另一方面,同一存在者的超感性自然是指他们依照独立于一切经验条件从而属于纯粹理性的自律法则的实存。而一种法则,如果在其下面,物的[实际]存在依赖于以这种法则为根据而被认识,那么它就是实践的。[这就是说,某物的存在如果以某个法则为规定性根据来被认识,那么这个法则就是实践法则,这是前面说清了的。]所以,超感性的自然无非就是受纯粹实践理性的自律法则所控制的一种自然。而自律法则就是道德法则,它是超感性自然与纯粹知性世界的基本法则。康德认为,纯粹知性世界的法则的副本应当存在于感官世界中,但同时并不破坏[韩译本作"中断"]这个世界的原有法则。他称超感性自然为**原型世界**,人们只能在理性中认识它;称感性自然为**摹本世界**,因为它包含作为意志规定性根据的原型世界的理念的可能结果。他认为道德法则依照理念把我们移植到这样一个自然[感性自然]中,在那里纯粹理性如果具备与之相适应的自然能力[即按自然法则行动的能力],就会达到**至善**(höchste Gute),这个道德法则还规定意志把这种形式(即作为法则的形式)赋予作为一个理性存在者的整体的感官世界。他最后说,如果人们对这种说法稍加注意,那么证实纯粹实践理性的理念确是如同一个**范本**(Vorzeichnung)一样为我们的意志规定树立了楷模。[以上是康德对纯粹实践理性原理演绎的主体部分。其实这种演绎是冗长、混乱而晦涩的,其中一再强调的"事实"证据不过是一种先验的假设而已。]

接着［第6段以下］，是演绎所引申的几点结论，包括以下几点。

1.［第6段］，关于自然法则与实践法则。康德指出，但现在在**现实的自然**［感性的自然］中，就像它是一个经验对象一样，**自由意志**就不能由自己来决定去遵循**这样一些准则**［即自然法则，如因果性法则］，就像它能够**自身单独地**（**für sich selbst**）按照普遍法则去建立起一个自然［即超感性自然］准则那样，也许这个［现实的］自然**自己**（**selbst**）与这些准则相符合。相反，这准则是一些**私人偏好**（**Privatneigung**），它们按照本能的、自然的法则构成一个自然整体，却不能构成一个仅仅依照纯粹的实践法则的意志而可能的自然［即超感性自然］。尽管如此，我们仍然通过理性意识到一切准则都要服从的一条法则，就像凭借我们的意志必然同时产生出一个自然秩序一样。于是这条法则必定是一个非经验性地被给予的、因自由而可能的并且超感性的自然理念，我们至少在实践的范围内给它以客观实在性，因为我们把它视为我们作为纯粹理性存在者的意志的客体。[**这里康德的论述非常晦涩**。]

2.［第7段］，关于两种自然法则。康德提出，有两种自然法则：一是我们的意志所服从的自然法则，在这里，客体必须是规定意志的表象的原因［即自然法则规定意志］；二是服从于一个意志的自然法则，在这里，意志应当是客体的原因，客体的因果性将其规定性根据存在于纯粹理性能力中，这种能力也就是纯粹实践理性。

3.［第8—10段］，关于纯粹理性的两个课题。这两个课题是［第8段］：第一，纯粹理性如何能先天地认识客体；第二，纯粹理性如何能够直接地就是意志的规定性根据，即理性存在者在客体的现实性方面的因果性规定性根据。**第一个课题**［第9段］，属于**纯粹理性批判**，它首先要求解释直观是如何先天可能的，即没有直观，客体［作为显象的对象］就不能被给予我们，因而也就没有什么东西能够以综合的方式被我们所认识［例如数学中的先天综合命题］。解释的结果是：直观一概都是感性的［即感性直观，包括显象的形式（纯粹直观）和显象的质料（感觉）］，而超越可能经验之外的任何思辨的认识都是不可能的［即不可知的］，并且纯粹思辨理性（或理论理性）的原理所能成就的无非就是使经验（知识）成为可能，而不论这种经验是被给予的对象的经验，还是无止境地被给予但却永远不能完整地被给予的对象的经验。**第二个课题**［第10段］，属于**实践理性批判**，它不要求解释欲求能力的客体是如何可能的，只要求解释理性如何能够规定意志的那种准则，无论这种规定性的根据是借助于客体的经验性表象［即私人偏好］才能产生，还是纯粹理性本身就是实践的，是一个非经验性的可能的自然秩序的法则。而这样一个超感性自然的概念，同时就是通过我们的**自由意志**使它实现出来的根据。而这样一种［超验的］概念，其可能性不依赖于任何先天的直观，即使理智的直观也是用不着的。因为这里只涉及意愿准则中意愿的规定性根据，这种根据是经验性的，还是纯粹理性的，以及它是如何成为理性概念的。这里的关键只取决于意志的规定和作为**自由意志**的意愿准则的规定性根据，而不取决于后果。因为实践理性批判只研究纯粹理性是否以及如何是实践的，即它是如何能够直接规定意志的。

4.［第11—16段］，关于道德法则与自由概念。根据上面的论述，康德宣称［第11段］，既然是这样，实践理性批判就必须从纯粹的实践法则及其现实性开始。只是这个批判不是以直观，而是以这些法则在理智世界存在的概念,即自由概念构成这些法则的基础。因为这些法则只有在与**意志自由**相关联时才是可能的,而且这些法则只有在设定自由之后才是必然的;反之,**意志自由**之所以是必然的,是因为这些法则作为实践的公设是必然的。至于道德法则的意识与自由的意识是如何可能的,这里不能进一步解释,不过它们的可容性已在理论理性的批判中得到了充分的辩护[参见《纯粹理性批判》"纯粹理性的辩证推理"第一章"纯粹理性的谬误推理"、第二章第九节等处]。[该段译文韩译本与邓译本均有些艰深。]不过康德进而指出[第12段],虽已对实践理性的最高原理进行了阐述,但对其客观普遍的有效性的演绎(即对其正当性的证明)却不能指望像纯粹知性原理的演绎那样顺利。因为那里所涉及的是可能经验的对象,即现象(显象),我们能证明的是只有把这些现象纳入范畴中,它们才能被认识。但这里对法则的演绎却不能采用这条思路,因为这里所关涉的不是**理性对象的形状**[即可**能经验的对象**]的知识,而是理性对象本身实存的根据,这就关涉到理性直接规定意志的能力。但他接着说[第13段],我们一旦达到了理性的基本能力[认识能力与欲求能力],人类的洞见就到头了,因为它们的可能性无法把握,当然也不能虚构。但在理性的理论应用中,唯有经验能向我们证明这种能力[认识能力]的正确性。但在这里谈到纯粹的实践理性能力[即实践能力]时,列举经验证据的办法就不灵了。因为纯粹实践理性的概念已经不能被认为属于经验之类了。即使道德法则也是作为我们先天意识到并且必然确定的一个纯粹理性的事实被给予的,即使我们在经验中找不到严格遵守这一法则的任何实例也是无所谓的。因此,道德法则的客观实在性就不能通过任何演绎,任何理论的、思辨的或以经验为支撑的理性的努力而得到证明。

并且即使有人想根除它的必然实在性,也不能引用经验后天地加以证明,而且它自身仍然是**自身单独地**确定不移的。还有[第14段],道德原则[即道德法则]的演绎虽然是徒劳无功的、完全悖理的,因为这种能力不能被任何经验所证明,但思辨理性却假定它是可能的,这就是自由的能力。而对于自由,那本身不需要任何辩护理由的道德法则不仅证明它是可能的,而且证明它对于那些认识到这个法则对自己有约束力的存在者(即人)来说是现实的。而道德法则就是一条出于自由的因果性法则,因而是一条超感性自然的可能性法则,就像感官世界中的因果性法则一样。但道德法则在思辨哲学中曾被视为消极性的因果性法则,在这里却第一次获得了它的客观实在性。康德又认为[第15段],道德法则既然是作为自由这种纯粹理性的因果性的演绎原则提出来的,那么道德法则的这种信任状就可以充分代替一切先天的正当性证明,以弥补理论理性的某种需求,因为理论理性当初不得不假定自由的可能性。这样,由于道德法则以下述方式对自己的实在性做出了即使思辨理性也会满意的证明,就使它当初消极设想的自由有了积极的规定,这就是:一个直接决定着意志的理性概念,从而第一次有能力给理性以客观的,虽说仅仅是实践的实在性,从而把理性的超验的应用转变为内在的应用,即在经验领域内的应用。康德最后说[第16段],感官世界本身虽然必然会有某种无条件者,从而会有由自己决定自己的因果性,但作为绝对自发性的自由理念曾经不是一种需要,不过是纯粹思辨理性的一个**分析性原理**[即推论性原理,即:"如果有条件者被给予,则整个相互从属的本身是无条件的条件序列也被给予。"(参见《纯粹理性批判》邓译本,第266页)],而在经验领域是绝对找不到合乎这个理念的实例的。可是当我们把自由理念应用到作为本体的存在者身上时，我们就能够对其加以辩护了。这时我们就可以让思辨理性敞开一个对它而言是一个空虚位置的世界，这就是理智世界，以便把**无条件者即自由理念**移植其中。现在纯粹的实践理性用理智世界中一个确定的因果性法则（通过自由），即道德法则，填补了这个空位，使那个曾有疑问的自由概念获得了客观的，虽说仅仅是实践的，却无可怀疑的实在性。但是就连这个因果性概念，实践理性在其应用中也没有使它超出锁定的界限，因为它（实践理性）不过是把作为感性存在者的人类的因果性的规定性根据[它是（在经验领域中）被给予的]安置在纯粹理性中去（这种理性因此被称为实践的），因此这种因果性[即自由的因果性]就可以对理论知识中的客体[现象及其总和的自然界]完全弃置不顾，而实践理性应用它不是为了认识对象（即客体），而是为了决定一般对象（即作为本体的对象）的因果性，因此不过是把意志的规定性根据放进事物的理智秩序中去。当然，实践理性也必须以一定方式认识意志在感官世界中行动的因果性，否则实践理性就不能产生任何实际行动了。

二、纯粹理性在其实践应用中的一种扩展权利，而这种扩展对于思辨应用中的理性本身乃是不可能的

[**提示**]这里康德打算把纯粹理性的能力在其实践应用和理论应用的边界上协调起来。

关键词语：因果性法则、实践应用、理论应用、纯粹知性、纯粹意志、出于自由的因果性概念、超感性存在者

首先[第1段]，是总论。康德说，在前面我们已经在道德原则上

建立起一条因果性法则,这条法则使因果性的规定性根据超出了感官世界的一切条件。同时我们也已经说明了,意志就其属于理智世界而言,是可以被决定的,因此我们不仅把意志的主体(人)推想为属于理智世界(虽然这个主体与理智世界的关联不为我们所认识,就像在《纯粹理性批判》中发生的那样),而且还借助于不属于感官世界中自然法则的法则,对意志在因果性方面做出了规定(即实践法则或道德法则直接规定意志),从而把我们对道德法则和人的意志等问题的认识扩展到感官世界的界限之外。现在的问题是:纯粹理性的能力在其实践应用和理论应用的边界上是如何协调起来的呢?

接着[第2—4段],是对休谟的驳斥。

再接着,是康德的观点。首先[第5段],他指出,我们在经验中处理的对象不是物自身,而只是显象[现象],这是一个事实。所以他不仅着眼于经验对象而对因果性概念的客观实在性进行证明,而且还根据原因与结果之间的必然性联结,而把因果性概念演绎成一个先天概念,也就是不靠经验而从纯粹知性方面证明其可能性。[参见《纯粹理性批判》之"纯粹知性原理"论。]他认为,这样他就在自然科学与数学方面,彻底排除了休谟等人的经验主义怀疑论。接着[第6段],他提出:如果因果性范畴被应用于经验界限以外的事物会怎样。他指出,他已经[在《纯粹理性批判》一书中]演绎[证明]了因果性等范畴的客观实在性,并且在这种情况下挽救了它们,即指出:毕竟可以借助它们来思维一些客体,虽然不能先天地规定它们。这样就给这些客体[即可能经验的对象],在纯粹知性中提供了一个席位[因为对康德而言,纯粹知性以感性直观为对象],而因果性之类的范畴就是在这个位置上与**一般客体**(感性的或非感性的)发生了关联。但问题是,因果性之类的范畴应用于对象之上的条件则是[感性]直观,这就使以本体为对象的理论认识的应用成为不可能,从而遭到禁止,就像在《纯粹理性批判》那里所发生的那样。然而这些范畴的客观实在性仍保持不变,或许能够应用于本体或自在之物本身,但为了理论认识的目的是不可能了,而也许为了实践(伦理道德)的目的却是可能的。再接着[第7—8段],他确定自己的任务就是解决因果性概念在物自身上的应用。他指出,为了理论目的之因果性问题已经解决了,但为了实践目的之因果性问题还不能令人满意。而事实上,知性除了与理论认识中的各种对象的关系外,还有一种与欲求能力的关系,而这种欲求能力就叫作**意志**,而且对纯粹知性(在这种情况下称作理性)而言,就叫作**纯粹意志(reine Wille)**。而纯粹意志与它不可分割的纯粹实践理性的客观实在性,是在先天的道德法则中由一个事实而被给予的,因为我们可以把这个法则称为对意志的规定,哪怕这个决定并不立足于经验原则之上。但在意志概念中已经包含了因果性概念,这就是出于自由的因果性概念。这种因果性虽然不为自然法则所规定,但在纯粹理性的先天法则中仍然得到了完满的证明,只是不是为了理性的理论运用,而是为了它的实践应用。随后[第10段],向下一章过渡。康德指出,上述自由的因果性概念一旦被引进超感性领域,就与其他范畴处于必然联结的范围,它们永远只与作为理智存在者的存在者相关联,甚至按照类推也与超感性存在者(上帝)相关联。

第二章 纯粹实践理性的对象之概念

[**提示**] 康德按照"实践理性批判""分析论"的布局,在这里从实践理性**原理论**转向实践理性**概念论**,并由**意志法则**引出作为"纯粹实践理性的对象"的一些重要概念。

关键词语:实践理性的对象、纯粹的实践理性、行动、道德可能性、善与恶、实践准则、福与祸

首先[第1—2段],是概论纯粹实践理性的对象。康德下定义说:"所谓的**实践理性[对象]**之概念,我把它理解为一个通过自由而可能的结果的客体之表象。"由此可见,作为这样一种可能结果而存在的实践知识的对象[或客体],只意味着意志与那种行动(Handlung,行动、行为)的关系——意志与由其实际造成的对象或它的对立面的关系——而评判某物是否是一个纯粹实践理性的对象也只在辨别是否可能愿意有那样一个行动,它将使某个客体在我们具备这种[行动]能力(对此必须由经验来判断)时,就会成为现实的。[这句话既臃肿又令人费解。]而如果客体被假定为我们欲求能力的规定性根据,那么在判断这一客体是不是实践理性的一个对象之前,这个客体通过我们自由地应用我们的能力而具有的自然可能性(physische Möglichkeit,天生可能性),就必须先行具备[因为如果不先行具备这种可能性,这个客体就不

能成为纯粹的实践理性的对象]。而反过来,如果先天的法则能够被视为行动的规定性根据,从而这个行动也被视为由纯粹的实践理性规定的,那么判断某物是否是纯粹实践理性的对象,就不必比较我们的自然能力[天生能力](physischen Vermögen)。于是问题就是:在我们力所能及的范围内,我们是否可以愿意有一种指向某一客体的**实存的行动**,因此这行动的道德可能性必须先行,这样就不是对象(客体)而是**意志(自由意志)的法则才是行动的规定性根据**。[其实这里已经把要论证的东西放在前提中了,这个前提就是康德的先验唯心论或先验形式论。]于是[第 2 段],结论就是:**实践理性的唯一客体就是善(Gut)与恶(Böse)**,人们把前者理解为欲求能力的必然对象,把后者理解为憎恶能力的必然对象,而两者都依据着理性的原则。[这里给出了善与恶的定义。]

接着[第 3 段],讲**善与恶的概念**。康德说,如果善的概念不是从一个先行的实践法则中推导出来,而是反过来还要充当这条法则的基础,那么这个概念就只能是关于某种东西的概念,而其实存则预示着愉快,并因此决定了主体将这种东西创造出来的因果性,即规定着[主体的]欲求能力。[这样善的概念的规定原因就不具有普遍性、必然性与客观性的实践法则,而是具有个别性、偶然性与主观性的欲求能力了。]既然我们不能先天地预见到什么表象伴随着愉快,什么表象伴随着不快,要想辨别什么直接地是善的或恶的,就只有取决于经验了。而唯一能与这种经验相关联的主体的性状就是愉快与不快的情感,而情感则属于内感官的接受性,于是那关于直接是善的东西的概念就会仅仅针对着与愉快感直接结合着的东西,而那完全是恶的东西的概念就必然只与直接引起痛苦的东西相关联了。不过这种解释已经违背了语言[即善恶概念]的习惯用法,因为习惯用法是把愉快与善区别开来,把不快与恶区别开来,而要求对善与恶在任何时候都通过理性,即通过能够普遍传达的概念来加以评判,而不是通过个别主体及其感受性的单纯感觉来评判。但愉快与不快仍然不能**自身单独地**(**für sich selbst**)、**先天地**(**a priori**)与某个客体的表象直接联结起来[因为愉快或不快是经验性概念,而不是理性概念,不能先天规定客体]。所以康德批评那些把愉快的情感作为实践评判基础的哲学家们[如哈奇逊],说他们会把善视为达到愉快的**手段**,而把恶视为引起不快和痛苦的**原因**[实即目的]。这里就涉及必须由理性来[先天地]评判善究竟是手段还是目的(意图)及其相互关系问题。就此康德说,尽管只有理性才有能力看出手段与其意图[目的]的关联,然而那些从上述善的概念中仅仅作为手段而产生的实践准则,并不包含**自身单独地**(**Für - sich - selbst**)作为意志对象的某物[这就是**以自身为目的之目的**],而总是只包含作为意志对象的**任何目的之善**(**Irgend - wozu - Gutes**)的某物[这就是以任何目的为善的某物]。这样,善任何时候都只是有用的东西,而其作为有用的东西[即有用的对象]则必定外在于意志[**而康德主张的是以自身为目的之意志,即纯粹意志**],而处于感觉之中。[**这样一来,意志就不能以自身为目的了。**]既然这种感觉作为愉快的感觉,就必须与善的概念区别开来,因此就不会有直接是善的东西,而善必定要在为达到别的东西,即某种愉快的手段中去寻求了。[**而这是康德从其先验的形式决定论出发而坚决反对的。**]

下面[第6段],关于**福**(**Wohl**)与**祸**(**übel**)。康德说,福与祸永远只意味着与我们的愉悦或不悦、快乐或痛苦这类心理状态的关系,而如果我们因此就欲求或厌恶一个客体,那么这种事就只能在这个客体与我们的感性以及由客体所引起的愉快或不快的情感相关联时才会发生。而善与恶任何时候都意味着它们与意志的关系,只要这意志按理性法则的规定促使某物成为它的客体。意志永远也不会由客体及其表象直接决定,相反,它是一种使理性规则成为自己行动动机的能力(正是这种能力使客体成为现实)。所以,善或恶在根本上是与行动,而不是与个人感受的联系。因此,如果某种东西应当是或应当被视为绝对(无条件)善的或恶的,那么这种东西就只是一种行动方式,即意志准则,因而是作为善人或恶人的行动者本人 [的本性],而不是任何一种可以称作善的或恶的事物。

接着[第 8 段],进一步论述善。康德说,凡是我们称为善的东西,在每一个理性存在者的判断中必定是欲求能力的对象,而我们称为恶的东西,在每一个人的眼里必须是厌恶的对象。因此,这种判断除了动用感官之外,还需要理性。但有些事情我们可能称之为一种祸,而有些人可能认为它是善的。例如一个人接受外科手术,他可能觉得是祸,但从理性上看,人们会认为这是善事。又如一个人因骚扰别人的安宁而遭到一顿痛打,这对他来说可能是一场祸,但对别人(甚至包括他自己),从理性的角度看,这件事是善的,因为这人被打是咎由自取,理应吸取教训。[这样,在康德看来,善与恶就是相对的了。]

再接着[第 9 段],关于幸福。康德指出,在我们实践理性的评判(Beurteilung)中,我们的福(Wohl)与苦(Weh)诚然关系重大,并且我们作为感性存在者的本性,一切都取决于我们的幸福(Glückseligkeit),而这种幸福按理性的要求,不是根据转瞬即逝的感觉,而是根据这种偶然性对我们的全部实存以及对这种实存的满足所产生的影响来进行判断的。但一般说来,也并非完全取决于这一点。人属于感官世界,因此人的理性当然有一个感性的使命,即关怀自己的利益,并为今生的幸福,甚至来生的幸福,制定实践准则。但人毕竟并不完全是个动物,以至对理性所说的一切漠不关心,或者把理性当作满足其感官需要的工具。因此,人在具有这种自然禀赋之后,还需要理性,以便随时考察他的福与苦。但除此之外,他还把理性用于一个更高的目的,也就是不仅把它用于思考**善或恶本身**(**an sich gut oder böse**),而且把它用于作为纯粹的、对感性完全不感兴趣的理性去判断善或恶。因此,必须把这种判断[理性的判断]与前一种判断[感性的判断]区别开来,使之成为前一种判断的至上条件。

再接着[第10段],是对善与恶的判断应注意的几点。康德指出,在像上面这样判断善和恶本身,以使它们与只因同**福**(**Wohl**)或**祸**(**Übel**)相关而被称为善或恶区别开来时,弄清下面几点是至关重要的。第一点,理性原则本身已经被思考为意志的规定性根据,而不顾及欲求能力的可能客体(因而仅仅凭借行动准则的合法则性的形式,而排除其质料);于是实践法则作为一条原则就是先天的,从而纯粹理性自身就被视为实践的了。这样一来,实践法则就直接决定着意志,而符合这一法则的行动就**本身自在地**是善的,而一个其准则始终符合这一法则的意志就是**绝对地**在一切方面都**善的**,并且是一切善的东西的至上条件。第二点,欲求能力[指低级欲求能力]的规定性根据先行于意志的准则,这意志[韩译本作“根据”,这是不准确的]以愉快和不快的客体,从而以某种使人快乐或痛苦的东西为前提,而且趋乐避苦的理性准则又规定那些与完满的偏好相关,从而是**间接善的**行动,因此这种准则绝不能被称为法则,不过能被称为理性的**实践规范**(**Vorschrift**)。第三点,结论是:在后一种情况下,目的本身是我们所寻求的快乐,它不是善,而是福,不是一个理性概念,而是一个关于感受对象的**经验性概念**。当然,这种行动仍可称为善,但不是根本的善。在这种情况下,意志也不是纯粹意志,因为纯粹意志所关心的只是在其上纯粹理性是**自身单独地**实践的东西[即纯粹的实践理性自身]。

下面[第11段],讲实践理性研究中的方法论悖论。康德指出:善与恶的概念毕竟不是先于道德法则被规定的(哪怕从表面上看,善恶概念似乎构成道德法则的基础),而只是后于道德法则并通过道德法则而被规定的(就像我们在这里所说的)。但为了不走弯路,我们最好先不断定:意志是有单纯经验的规定性根据,还是也有纯粹的先天规定性根据。因为把人们首先应当确定的东西认定为已经确定了的东西,是违背哲学研究的基本规则的。康德认为,现在遇到的方法论悖论是:一是从善恶概念出发推出**意志法则**来[这就是从概念到法则(原理)的方法],这样做的结果是依靠经验的决定而排除先天的实践法则;二是从道德法则出发推出善的概念的方法,这就是康德使用的方法,结果是既保住了先天的实践法则(道德法则)又保住了自在善和自在恶的概念。

接着[第12段],是结论。康德说,关于最高道德的研究方法非常重要。因为他一下就说明了一些哲学家误入歧途的原因,即他们首先寻找意志的某种对象,使其成为道德法则的质料和根据,而不是首先探求这样一条法则:它先天地和直接地规定意志,并按这个意志来规定对象。因此康德得出结论:唯有一条**形式的法则**,即一条规定理性只让其普遍立法的形式成为一切准则的最高条件的法则,才能先天地是实践理性的一个规定性根据。[**这就是康德的先天形式决定论。**]

接着[第13段],关于善恶概念。康德指出,既然善恶概念是作为先天的意志规定的结果,是以纯粹实践原则为前提的,从而是以纯粹理性的因果性为前提的,所以善恶概念从根本上说并不像纯粹知性概念(或理性的理论应用中的范畴)那样与客体相关(例如把所给予的直观杂多的综合统一纳入一个意识中),甚至把这些概念或范畴设定为被给予的[这是**纯粹知性批判**所主张的],相反,这里善恶概念都是一个唯一的范畴,即因果性范畴[自由的因果性范畴]的各种样态(modi),只要这个因果性范畴的规定性根据存在于理性的因果性法则的表象中,这个法则作为**自由法则**(Gesetz der Freiheit),是理性自己给予自己的,理性借此先天地证明自己是实践的。但是还要知道,主体(人)的行动一方面虽然从属于一条法则(道德法则),因而从属于**理智存在者的行为**,但另一方面,人的行动作为感官世界中的事件,又从属于显象。因此这里实践理性的诸规定(即因果性范畴的诸样态)只有在与感官世界的关联中才能发挥作用。因此这些规定虽然要按照纯粹知性的范畴表来安排,但并不是着眼于范畴的理论应用,以把感性直观的杂多纳入一个先天的意识[范畴]中,而是为了把欲求的杂多纳入一个道德法则发号施令的实践理性的统一性中,或纳入一个先天的纯粹意志的统一性中。[这是康德把实践理性的**自由理念**纳入范畴表中的理由。这样一来,理论理性与实践理性就联结起来了,它们之间的鸿沟就被填平了。]

最后[第14段],关于**自由范畴**。康德指出,这里的自由范畴有别于前一批判所列的自然范畴[即《纯粹理性批判》中的"范畴表"],其优点是:自然范畴只是一种思维形式,它只是通过一种普遍性概念以不确定的方式给可能的直观指明一个**一般客体**(Objekt überhaupt)(一般对象)[指**可能经验的对象**];而相反,这里的自由范畴因其涉及对**自由的任意**(freien Willkür)的规定(这种规定虽然不能有任何直观与之相适应,却以一个先天的纯粹实践法则为基础),所以它作为实践活动的基本概念,是以在理性自身中,从而在思维能力自身中,作为被给予了的[先天]**纯粹意志的形式**为基础。于是就出现了如下的情况:因为在纯粹实践理性的各种规范中,关键只在于对意志的规定而不在于实践能力实现其意图的自然条件,所以,先天的实践概念在其与自由的至上原则的关联中立刻就成了一种知识(这种知识不期望从感性直观那里获得意义)。更确切地说,理由如下:由于先天的实践概念与自由的至上原则是自己产生出它们与之发生关系的东西(即意志的意向)的现实性,二者根本不是理论概念的事。康德提醒读者注意:下面所列范畴所涉及的只是一般的实践理性,因此在它们的秩序中是从道德上尚未确定并且还以感性为条件的范畴开始,然后逐步向不以感性为条件而完全只由道德法则来决定的范畴推进的[其中每一组范畴都包含着**从主观到客观**、**从个别到普遍**的过渡]。

下面是按照纯粹理性批判中范畴表的顺序制成的实践理性的自由范畴表。

表2　有关善恶概念的自由范畴表

1.量[自由的量的规定性]

主观的、依照准则的(个人的意旨)

客观的、依照原则的(规范)

既是先天客观的又是主观的自由原则(法则)

2.质[自由的质的规定性]　　　　　**3.关系**[自由的关系的规定性]

践行的实践规则(命令)　　　　　　与人格的关系

制止的实践规则(禁止)　　　　　　与个人状态的关系

　　例外的实践规则（例外）　　　　　　个人与他人状态的交互关系

4. 模态［自由的模态的规定性］

允许的事与不允许的事［可能的事与不可能的事］

义务与违背义务的事［存在的事与不存在的事］

完全的义务与不完全的义务［必然的事与偶然的事］

下面两段是解释。

首先［第15段］，是总体性的解释。康德说：从这个表中可以看出，自由，就通过它而成为可能的作为感官世界中的**诸显象**［在康德看来，这种显象是经验性直观的直接对象和现实对象］的**行动**（**Handlung**）而言，被视为一种因果性的**行为**（**Art**），但这种因果性却不屈从于经验性的规定性根据［因为实践理性的自由理念是一种行动的先验性规定根据］，因此它就与这些行动在自然界中可能的那些范畴相关涉了。可与此同时，每一个范畴又都被做了普遍性的理解，以至于每个因果性的规定性根据也可以被视为处于感官世界之外的理智存在者的一种属性，这就是理智存在者的自由，直至模态范畴完成了从一般实践原则到德性原则的过渡，但只是悬拟式的引入，之后德性原则才通过道德法则的方式独断地表现出来。［这样自由范畴就把理智世界与感官世界联结了起来。］

接着［第16段］，康德宣称，他不再对该表进行补充解释，因为它本身已足够明白。这个范畴表依照一个原则［即纯粹知性或理性原则］进行分类，对一切科学都是有益的，因为它具有彻底性（即完备性）和可理解性。他举例说，第一组范畴表明，人们对实践活动的考虑应当从何处开始：那就是从建立在偏好上的**个人准则**［**量的单一性**］开始，然后到对某类偏好上相互一致的理性存在者都有效的**规范**[**量的多数性**]，最后到对一切理性存在者都有效的**法则**[**量的总体性**]，而不顾及个人的偏好。他认为，我们就是以这种方式**综观**(übersieht)了我们必须完成的整个计划，乃至回答了实践哲学必须回答的每一个问题，同时综观了实践哲学理当遵循的秩序。

纯粹实践判断力模型论

[**提示**]这里的**模型**(Typus)相当于《纯粹理性批判》中的**图式**(**Schema**)，但也有区别，如果说图式是纯粹先天的想象力的产物，通过它把纯粹知性概念(范畴)与显象(感性直观的对象)结合起来，那么这里的模型就是纯粹知性或纯粹判断力的产物。康德之所以提出他的模型论，是为了把他的道德形而上学(实践理性)与自然形而上学(理论理性)联结起来，使其结合在一个体系中。

关键词语：实践的判断力、模型、实践法则、自由法则、无条件的善

首先[第1段]，问题的提出。善与恶的概念首先为意志规定了一个客体。但这两个概念本身又都服从于理性的实践规则，而如果理性是纯粹理性，这个规则就相对于意志的对象而先天地规定着意志。那么现在，一个在感性中对我们是可能的行动是不是服从这一规则的问题，就要由实践的判断力来决定，通过这种判断力，在规则中被普遍认定的东西就可以具体地应用到行动中去。但理性的实践规则却有两种：第一，作为一个实践规则，它关涉到一个客体的实存[这时它就是一个经验性的规则]；第二，作为一个实践规则，它具备就行动的

存在方面来说的必然性,这样它就是**实践法则**(praktisches Gesetz),但不是凭借经验的规定性根据的自然法则,而是一条**自由法则**(Gesetz der Freiheit)[可见实践法则＝自由法则＝道德法则＝德性法则],按照这个法则,意志应当独立于一切经验(只通过一般法则这一形式的表象)而得到规定。但现在这一可能的行动是在感性中发生的,因而是经验性的、存在于自然界中的,这样就显得非常荒唐了:一个感官世界中发生的行动本来应该始终只从属于自然法则,现在又允许一条自由法则应用于其上,并且那在此行动中具体体现出来的超感性的德性之善,也能应用于其上。于是纯粹实践理性的判断力与纯粹理论理性的判断力就遇到了同样的困难[这就是理性运用于感性的困难]。但是后者却通过想象力的产物——图式为中介而得到了解决。而对前者来说,德性之善就其客体而言是某种超感性的东西,因此在感性直观中找不到与之相符的东西。这样它就遇到了一种**特殊的困难**,表现为:自由法则应当运用到一种行动之上,可这种行动却发生在感官世界,因而属于自然事件。

接着[第2段],纯粹实践理性判断力的有利前景。康德指出,把一个在感官世界中对我们是可能的行动纳入纯粹实践法则之下,并不是去**兑现**(tun)这一行动作为感官世界中一个事件的可能性,因为这种可能性应由理性的理论应用按照因果性法则来判断,因为因果性是一个纯粹知性概念,理性[即纯粹知性]对这个概念有一个感性直观的**图式**(Schema),而这个图式是先验想象力的产物。但这里说的是实践法则本身的**图式**(如果这个词适合用于这里的话),因为**意志的规定性**(Willensbestimmung)(不是与其后果相关联的行动),仅仅通过**实践法则**而不需要别的规定性根据,就把其因果性概念与不同于构成自然联结的条件[感性条件]的各种条件[实践理性条件]结合起来了。[这里暗示着出于自由的因果性概念。]

接下来[第3段]，导出模型。康德说，**自然法则**作为感性直观对象本身必须服从的法则需要有一个图式，即想象力的一般方式（即"先验的图式"），与之相符合。但**自由法则**（作为完全不以感性为条件的因果性），还有无条件的善的概念，却不需要一个直观，从而不需要一个图式，为它们的具体应用打下基础[**即找到第三者、中介或桥梁**]。因此康德断言，道德法则[或实践法则、德性法则、自由法则]在其应用于自然对象时，除了知性[而不是属于感性的想象力]外，没有其他认识能力居间[作为中介]了。而知性并不为理性理念配备一个感性的图式，而是配备一个法则，是具体在感官对象显示出来的法则，这就是一条**自然法则**，而这种法则是**仅就其形式而言**的[这种仅就形式而言的**自然法则**就是《纯粹理性批判》之"原理分析论"中所列举的"**纯粹知性的综合原理**"，而自然法则不过是综合原理的特殊例证而已]，是作为判断力所需要的法则，因此我们可以把这种[**仅就形式而言的**]自然法则称为道德法则的**模型**（**Typus**）。[这个所谓的仅就形式而言的**自然法则**，即模型，其实就是前面"原理演绎"中所说的**纯粹的实践理性**即纯粹的道德法则或自由法则的**副本或摹本**（参见《实践理性批判》孙译本，第45—47等页）。这里：仅就形式而言的自然法则（即纯粹知性的原理）＝道德法则的模型＝自由法则的模型，正是这种模型把**自由法则**与**自然法则**（非仅形式的自然法则，即一般可能经验的法则）联结了起来。]

下面[第4—5段]，是发挥。康德指出，纯粹实践理性法则下的判断力规则是这样的：请你扪心自问，如果你打算在你身上发生的一个行动[例如要打人]按照自然法则发生，而你本身又是自然的一部分，那么你是否把这一行动视为通过你的意志[即自由意志]而可能的？事实上，每个人都会按这样的规则判断自己的行动，看它在道德上是善的还是恶的。于是人们就会问：如果人人都认为为了某种好处就可以说谎、人人都可以对别人的疾苦熟视无睹等，那么如果你也置身其中，你会怎样与自己的[纯粹]意志相协调呢？其实每个人都知道，并不是每个人都同意这样做，所以那种行动准则虽然与自然法则相符合，但并不是他的意志的规定性根据。但自然法则毕竟是按道德原则来评价行动准则的一个**模型**（**Typus**）。如果一个行动准则被弄得经不起自然法则[即因果性法则]的检验，那么它就不可能是道德的。甚至最普通的知性也这样判断，因为自然法则永远构成知性的**日常**的甚至是**经验**的判断的基础，所以知性永远执有自然法则，只是在**出于自由的因果性**（**Kausalität aus Freiheit**）应当受到评价的情况下，它才使那种自然法则成为**一个自由法则的模型**（**Typus eines Gesetzes der Freiheit**），否则纯粹实践理性的应用就无法进行了。[这样在康德看来，知性的自然法则就成了自由法则的模型，并通过这种模型把自由法则与自然法则联结起来。]

最后[第6段]，谈模型论对防止经验主义和神秘主义危害的意义。（略）

第三章　纯粹实践理性的动机

[**提示**] 康德按照"实践理性批判"和"分析论"的布局,从纯粹实践理性的概念进到感觉,即进到感性应用的领域,探讨道德法则、道德概念(自由范畴)与动机、愉快或不愉快情感、道德情感、义务等之间的关系。

关键词语:动机、愉快或不快的情感、合理的自爱、无条件的善、道德情感、义务、道德命令、人格

首先[第1—2段],**问题的提出**。康德解释说:行动的全部道德价值的本质取决于道德法则直接规定意志。但如果意志的规定仅仅借助于某种情感,并使情感成了意志的充分规定性根据,那么就不包含道德性。尽管把**动机**(**Triebfeder,elater animi,拉丁文:心灵的鼓动**)理解为存在者(人)的**主观的规定性根据**(**subjektive Bestimmungsgrund**),而这个存在者的理性凭借其天性并不必然合乎客观法则,由此我们应当首先得出如下结论:我们不能赋予上帝的意志以任何动机,但人类意志的动机(作为上帝造物的理性存在者的动机)决不能不服从道德法则,而如果行动不仅应实现法则的条文,而且还应实现法则的精神(意向),那么行动的客观规定性根据就必须始终同时是行动的主观的充分规定性根据。[**这里康德把作为主观规定性的根据的动机与**

作为客观规定性根据的道德法则结合起来。]

所以，为了道德法则之故，以及为了道德法则对意志的规定性影响，人们不能去寻求其他会抛弃道德法则的动机，因为这样会产生伪善甚至危险。至于这条法则何以独立地直接就是意志的规定性根据（这是一切道德性的本质所在），这是一个人类理性无法解决的问题，就像意志是何以可能的一样。[实际上这正是康德的一个先验的没有根据的假设。因为在康德看来，自由本身是不可知的。因此他说："但是，在我们之中和在人类本性之中，我们都不能证明自由为真（Wirkliches）。"（《道德形而上学基础》孙译本，第55页）]所以我们的问题不是道德法则何以会在我们自身中充当一种动机的根据，而是就其作为一种动机而言在我们心灵中所起的（必然要起的）作用。

下面[第3段]，道德法则与情感的关系。康德指出，道德法则对意志的一切规定，其本质在于：**意志作为自由意志，它不但不需要感性冲动的参与，甚至还拒绝所有的冲动，并且还要瓦解与上述法则相抵触的一切偏好，所以意志是单纯由法则来规定的**。于是康德的结论就是：所以这样一来，把道德法则当成**动机的效果**（Wirkung，效果、作用、结果）[这样就本末倒置了]只能是否定的，并且作为这样的动机还是能够先天加以认识的。[所以把道德法则视为动机的效果就更是错误了。]因为一切偏好和一切感性冲动都是建立在情感基础上的，而对情感（通过偏好而遭到瓦解）的否定作用本身也是情感[因为情感的否定作用的反面也是情感的肯定作用]。于是我们就可以先天地看出，道德法则作为意志的规定性根据，由于它损害了我们的一切偏好，而必然会导致一种被称为痛苦的情感，这样我们就能从概念出发先天地规定一种认识（即实践理性的认识）与愉快或不快的情感的关系[这是依据同一律的分析判断,而一切分析判断在康德看来都是先天的]。而一切偏好合起来就构成利己主义,而这种利己主义或者是**自爱**,或者是**自满**,前者称为**自矜**,后者称为**自大**。[此处几个概念或从韩译本,或从邓译本。]康德认为,纯粹实践理性对自矜只是终止而已,但如果把它限定在与道德法则一致的范围内,就可称之为**合理的自爱**(**vernünftige Selbstliebe**),而对自大则必须完全消除,因为它是一种非分的要求,是违背道德法则的。但是**道德法则**毕竟是某种自身肯定[自我肯定]的东西,是理智的因果性,是自由的形式,它是主观性的对立物,与我们心中的偏好相反,从而削弱着自大,因此它就成了**敬重**(**Achtung**)的对象。

　　下面[第4段],康德在回顾上一章的内容时指出,一切先于道德法则而呈现为意志客体的东西,都被作为实践理性的至上条件的这个法则排除于意志规定性根据之外,而实践理性的至上条件则名为**无条件的善**。现在唯一真正的客观的道德法则完全排除了自爱的影响,并彻底瓦解了自大的干扰,从而道德法则也在主观上成了敬重的根据。但由于道德法则排除了自爱,就能够对情感产生作用,而这种作用一方面是否定性的,另一方面就纯粹实践理性的限制性根据而言又是肯定性的。[这就是道德法则对情感的否定作用,正如斯宾诺莎所说:一切规定就是否定,反过来说,一切否定也是规定。]

　　再下面[第5段],对情感的否定作用(即不快)正如对情感的一切影响和对任何一般情感的影响一样,是本能的。但对道德法则意识来说,在作为至上立法者的纯粹实践理性的主体看来,一个被偏好所刺激着的有理性的主体的这种情感虽然可以称为谦卑(理智的蔑视),但就这种谦卑的肯定根据——道德法则来说,同时又是对法则的敬重,即对道德法则的一种敬重情感,于是它就可以称为**道德情感**了。[这样对康德而言,蔑视情感就是对法则的敬重,反过来,敬重法则就是蔑视情感。]

接着[第6段],开始谈敬重。根据上面的论述,康德指出:这样,道德法则正像它通过纯粹的实践理性而构成行动[本身]的**形式上的规定性根据**(formaler Bestimmungsgrund),以及它以善与恶的名义而成为对象的虽说是**质料上的**,但也是**客观的规定性根据**那样,也是指向这种行动的**主观的规定性根据**(subjektiver Bestimmungsgrund),这就是**指向这种行动的主观的动机**。[此处已重译。这样,道德律或道德法则就成了指向主体行动的主观的规定性根据,即指向主体行动的主观的动机。]因为这种动机对主体的感性活动施加了影响,并产生了一种对法则影响意志起促进作用的情感[道德情感]。但这里,在主体中并没有任何与道德性相匹配的情感发生,这是不可能的,因为一切情感都是感性的,而德性意向的动机却必须是摆脱一切感性条件的。相反,成为我们一切偏好基础的感性情感虽然是我们称为**敬重**的那种感觉的条件,但对这种情感进行规定的原因(根据)却在纯粹的实践理性之中。因此,这种感觉(即敬重的感觉)由于不是本能的,所以必定是在实践中产生出来的。由于道德法则的表象排除了自爱的影响和自大的妄想,而减少了纯粹实践理性的障碍,并产生了纯粹实践理性的客观法则优越于感性冲动的表象,故在对道德行动的**理性判断**中,法则的重量就由于减去了感性刺激的配重而凸显出来。这样,对法则的敬重虽然不是导向德性的动机,但在主观上被视为动机的德性本身,只是因为纯粹的实践理性由于拒绝了与它对立的自爱的一切要求,而为唯一有影响的法则取得了尊严。在此应当注意:敬重是施加于一个存在者的情感即感性上的作用,它以道德法则让这种存在者的感性来承担这种敬重为前提,从而以这种存在者的感性为前提。这样,对道德法则的敬重就不能推给一个至上的或超脱一切感性的存在者[上帝],因为感性不可能成为实践理性的障碍。[这样康德就把敬重的情感推给了感性的存在者,让其承担感性因果性或自然因果性的重负。]

下面[第7段],是结论。康德指出,这种以道德情感为名的情感是由理性引起的,它不能被用来评判行动,也不能被用来建立客观的道德法则本身,而只是用来作为动机,以便使道德法则自身成为一个[行动]准则。它是一种特殊的情感,只能服从于理性即纯粹的实践理性的命令。[看来这就是康德的先验的形式决定论或先验的形式唯心论的道德观了。]

再下面[第8段以下],是详解对法则的敬重和义务。

康德说[第8段],敬重总是对人而不对事的。事物能唤起人们的偏好,如对马、犬,甚至唤起畏惧,如对大海、火山、猛兽,但不能唤起敬重。与敬重近似的情感是**景仰**或**惊奇**,这种情感可以施加于事物之上,如大山的高耸,星斗的宏伟、繁多、辽远,甚至某些动物的强壮和敏捷。但这些都不是敬重。一个人能够是使我喜爱、畏惧、景仰、惊奇的对象,但不等于就是使我敬重的对象。面对一个权高位重的人,我可以向他鞠躬,但不等于我敬重他。而一个普通的人,虽然地位低下,但我可以因为他品行的端正、人格的高尚,让我自愧不如,而对他产生敬重。人类的善总是有缺陷的,所以有的人虽然有过失,仍然可以让我敬重他的清白。总之,敬重是我们对一个人的功业的礼赞,不管我们是否愿意,我们的内心总是会不由得对他产生这种情感。

还有［第9段］,讲敬重远非一种快乐的情感……

相反［第10段］,对道德法则的敬重是唯一的和无可置疑的道德动机,因此敬重的情感除了针对以这一法则为根据的客体(人)之外,不针对任何客体。因为在对道德行动的理性判断中,道德法则是首先客观地、直接地规定意志的,而**自由**,**其因果性**只能由法则来规定,这恰恰是因为:这一法则把一切偏好,从而把个人的尊严都限制在对纯粹法则本身的遵守这一条件上。正是这一限制对人们的情感起到了作用,并产生出于道德法则而先天地认识到不快的感受。［这就是说,一个人恪守道德法则就让人们敬重,反之就让人们鄙视。］但是这种限制只是一种否定作用［斯宾诺莎讲:一切规定就是否定］,从而首先对主体的那种以偏好为根据的行动以及对他个人价值的看法产生了抑制。所以这一法则对情感的作用只是使人谦卑,但这不能让人认识到作为动机的纯粹理性实践法则的力量,而只能让人认识到其对感性动机的抵制。但这种在感性方面的否定作用,同时也是在理智方面对实践理性的尊重的提升,是对法则的敬重,是一种可以先天认识到的肯定的情感［即道德情感］。这样,对法则的敬重必须被视为［道德］行动的**主观根据**,即被视为遵守法则的动机,以及与法则相符合的生活准则的根据。从动机概念产生出兴趣概念,而这种兴趣就是道德兴趣,是不依赖于感性的兴趣。而这种动机概念、兴趣概念和准则概念只能应用于有限存在者的意志上,而不能应用在上帝的意志上。

这里［第11段］,康德还声称:道德法则是实践理性推荐给人们来遵守的,面对实践理性的声音,甚至最大胆的恶棍也会感到战栗并被迫躲避着法则的目光,因为人们的这种道德情感是与道德法则结合着的,对道德法则的敬重真正说来就是**道德情感**。

接着[第12段],开始讲**义务**。康德指出:引起敬重的**法则**无非就是**道德法则**[道德律]。而与对法则的敬重情感不同,那在客观实践上按照法则并排除一切出自偏好的规定性根据的行动叫作**义务**(Pflicht)。[这是康德给义务所下的定义。而在《道德形而上学基础》一书中,他曾给义务下定义说:“**义务就是出自对法则的敬重的一个行为的必然性。**”(李秋零主编:《康德著作全集》第4卷,中国人民大学出版社2005年版,第407页)]这种义务包含实践上的强制性,即对行动的规定,不论这种行动是如何不情愿地发生。康德认为,从强制性意识而来的情感并不像由感性对象所产生的情感那样是本能的,而是实践的,即通过一个先行的、客观的意志规定性根据和理性的因果性(即自由的因果性)而可能的。因此这种情感作为对法则的服从,即作为命令,并不包含任何快乐,相反却包含了附着于行动的不快。不过由于这种情感的强制性是通过理性的立法才施行的,因而有所提升,这就叫作自我批准,并因此赢得了敬重这一名称。

接着[第13段],康德论述,义务概念客观上要求行动与法则相符,主观上要求**行动准则**对法则的敬重,这就是法则规定意志的唯一方式。于是就有了合乎义务而发生的行动的意识与出于义务(即出于对法则的敬重)而发生的行动的意识之间的区别,前者是合法性(合法则性),后者是道德性(合道德性)。

再接着[第14段],康德说,在一切道德评判中最重要的是:以极大的精确性注意到一切道德准则的主观原则,以便把行动的一切道德性建立在出于义务和出于对法则的敬重的必然性上,而不是建立在对行动结果的喜爱和好感的必然性上。对于人和一切被造的理性存在者来说,道德的必然性就是强制性,即**责任**(Verbindlichkeit),而建立于其上的行动就是**义务**。[可见,**义务**是比**责任**更高的道德要求。]

还有[第15段],康德宣称:道德法则对于一个最高最完善的存在者的意志来说是一条神圣的法则,但对于每个有限的存在者的意志来说则是一条义务的法则、道德强制的法则,以及通过对这一法则的敬重和出于对自己义务的敬畏而决定他的行动的法则。因此人们不应把另外的主观原则设定为动机。

康德又说[第16段],出于对人的爱和同情而向他们行善,或出于对秩序的爱而主持正义,这当然是好的,但这还不是我们行为的真正的、与我们作为理性存在者相符的道德准则。我们必须身受理性的节制,并在我们的行动准则中记住和服从这种节制,不要从中抽掉什么,也不要以私心妄想去减损法则的威信。**义务**和**责任**是我们唯一必须体现我们与道德法则关系的名称。我们是一个通过自由而可能的、由实践理性推荐我们去敬重德性王国的立法者,但同时也是这个王国的臣民,而不是它的首领。如果我们看不清我们作为被造物的卑微等级而对神圣的法则妄加拒斥,就是对这一法则的背叛。[这里体现了在法律面前人人平等的思想。]

再有[第17段],就是对道德命令的论述。康德指出,有这样一条可能的命令与道德法则完全一致,这就是:爱上帝甚于一切,爱你的邻人如爱你自己。但康德认为这种提法是不恰当的,他的评论概括起来有以下三点:首先,对上帝的爱(偏好)是不可能的,因为上帝不是感官的对象,对人当然可以这么说,但这不能成为命令;其次,爱上帝、爱邻人可以成为规则的命令,但不能命令人在合乎义务的行动中具有这种意向,只能命令人们努力追求它,只能把它作为一个范本,所以单纯对法则的爱虽然可以作为具有神圣性的道德性,在主观上永远努力去争取,但却是一个不可能达到的目标,因此就不再是德行了;最后,人作为一种被造物,永远不能摆脱欲望和偏好,因此很难强制他做出牺牲去做他不完全乐意做的事情。[若据此而论,则"毫不利己、专门利人"的精神是永远也做不到的。]

下面[第18—20段],是反对宗教狂热和道德狂热的……

之后是讲人格。

首先[第21段],康德指出,义务是个崇高伟大的字眼,义务要求人们去服从道德法则,而面对道德法则,即使一切偏好在暗中抵制,也都是哑口无言,那么你[指义务]的**可敬**究竟来自哪里?

接着[第22段],康德回答说,这就是把人类提升到他与只有纯粹知性才能思考的事物秩序联系起来的东西,正是这种知性主宰着感官世界,这东西不是别的,就是**人格**。**人格就是摆脱了整个自然的机械作用的自由和独立**[这是人格的定义]。而这种自由与独立又被视为存在者服从于它自己创立的实践法则的能力。人属于两重世界:**感官世界**与**理智世界**。而个人作为感官世界的人就其同时属于理智世界而言,则服从于他自己的人格,但同时他又不能不对其属于第二世界的天职怀有敬重,并服从其法则[自然法则]。

接着[第23段],康德指出,道德法则是神圣不可侵犯的。人虽然不够神圣,但个人的**人性**(**Menschheit**)对他来说却必然是神圣的。在全部造物中,人们想要的和能够控制的一切都只能作为手段来使用,只有人连同人在内的所有有理性的造物才是**目的本身**。[人是目的本身,这是康德的人本主义!]因为人凭借其自由的自律成为本身神圣的道德法则的主体。

再接着[第24段]，康德继续说，这种激起人们敬重的人格理念让我们看到了我们本性（就其使命而言）的崇高性。当然，我们也注意到我们的一些行为与之有欠合之处，这就消除了自大。但我们也看到，一个正直的人为了保住自己的人格，当他陷入生活的巨大不幸时，只要他摆脱他的义务，就可以避免这种不幸，但他却承受了不幸，使他保住和尊重了个人心中的**人性尊严**。这时他仅仅出于义务还活着，而不是由于对生活感到丝毫的乐趣。这当然不是幸福。

最后[第25段]，康德的结论是：纯粹实践理性的真正动机就是纯粹的道德法则本身，只要这法则让我们发现自己超感性实存的崇高性（即德性），并让人们在主观上意识到自己因对本能的感性刺激的依赖而引起了对自己更高道德使命的敬重。但说到义务，它的尊严与生活享乐并不相干，它有自己特殊的法则，如果把二者搅在一起，前者就不起作用，即便肉体的生活能从这种混合中获得某些力量，道德生活也会不可救药地衰退下去。[看来，在康德心目中，精神上的道德生活高于物质上的肉体生活。毛泽东也说：人是要有点精神的。这话倒也不错。]

对纯粹实践理性的分析论的批判性说明

[**提示**]这里是对纯粹实践理性原理分析论的批判性解释，意图是为纯粹实践理性的基本原理提供另一种解释，其中前半部分（第1—7段）是对纯粹理论理性分析论与纯粹实践理性分析论布局的先后次序的比较，后半部分（第8段以后）是对自由以及自由概念所遇到的各种困难的判断性解释。

关键词语：理论理性、实践理性、幸福论、德性论、意志、自由、必

然性、理智存在者

首先［第1段］，问题的提出。康德对标题所说的批判性说明的定义："我所谓的对一门科学或其自成体系的一个部分的批判性说明，是指当人们把它与一个别的具有类似认识能力做根据的体系做比较时，对它为什么必定具有这样而非其他体系形式所做的探讨和辩解。"他说，实践理性与思辨理性，就两者都是纯粹理性而言，都以同样的认识能力为基础，因此这两个体系在形式上的区别必须通过比较来规定并找出其根据。

其次［第2段］，两个体系布局次序的比较。康德指出，理论理性的分析论因与知性的对象［显象］知识打交道，所以必须从直观和感性开始，然后进到概念，最后以原理结束。相反，实践理性的分析论并不与对象［作为显象的行动］打交道以求认识它们，而是与它自己使对象变成现实的能力打交道，即与意志打交道，因此不需要先指出客体，而只需要先指出一条法则，所以它必须从实践原理的可能性开始，然后进到实践理性对象的诸概念，即绝对的善与恶的概念，最后到关于道德情感的一章结束。这样两个体系的秩序完全相反了。还有，理论的纯粹理性的分析论被分为先验感性论和先验逻辑，相反，实践的纯粹理性的分析论被分为实践理性的逻辑和感性论（这是在类比即与理论理性对比的意义上说的）。还有，在理论理性那里感性论又分为两部分（即空间与时间），而在实践理性那里感性仅仅被视为情感，不能进一步划分。

往下［第3段］，关于两种纯粹理性能力的统一。康德说，不把这种划分的区别放在该书最前面加以说明，理由是：实践理性分析论的划分类似于三段论，必须从大前提中的**共相（Allgemeinen）**［即一般］

（那就是道德原则）出发［但任何大前提都是一个假设，康德就是从先验的假设出发来论证的］，接着是小前提（善与恶），最后是结论，即主观的意志规定（即对实践上可能的善和建立于其上的准则的关切）。而更重要的是，这种分析能使它们引起一种期望，这就是使两种纯粹理性能力（理论的和实践的）统一起来，并从一条原则出发推论出一切来，这是人类理性不可避免的需求，因为人类理性只有在其知识的一个完备的系统化统一中才能得到满足。［康德在其《纯粹理性批判》的"纯粹理性的建筑术"中曾做过这样的尝试。］

接着［第4段］，理论理性与实践理性的进一步比较。康德认为，在理论理性方面，纯粹理性认识的先天能力可以通过科学的例证来加以证明，而不必担心经验性根据的渗入。但实践理性并不掺杂经验性的规定性根据，对此我们可以从最普通的实践理性的应用中做出解释，因为我们把这样一条至上的实践原理认定为这样的原理：每个自然的人类理性都会认为，它作为完全先天的、不依赖于任何感性材料的原理，是人的意志的至上法则。因此我们首先必须对这条纯粹的原理在**普通理性**（gemeinen Vernunft）的判断中加以验证和辩护［这就是康德在其《道德形而上学基础》第一章中所做的，在那里"**普通理性**"又称"**普通人的理性**"］，然后实践理性科学才能把这条原理把握在手，并对它加以应用，就像它是一个先行于一切可能推想和一切可能从中引出结论的事实似的。［这里康德想援引普通理性的判断来证明道德法则是个事实，但这个所谓的"事实"不过是个毫无根据的假设，实际上是个经验性的推论。在康德的理论体系中有许多这样的假设或推论，这是笔者在《康德〈纯粹理性批判〉文本解读》中早已指出了的。因此，这里的辩解与他的先验论是矛盾的，所以是不能令人信服的。］接着是对普通理性判断的辩护，以及对实践理性法则纯粹性的重申。

接着[第5段]，关于幸福论与德性论[参见定理二注释二、定理四注释二]。康德说，幸福论中的经验性原则构成了幸福论的整个基础，而经验性原则对德性论却没有任何附加的意义。因此这里把幸福论与德性论[即德性法则论或道德法则论]区分开来是首要的任务。这里他把道德的纯粹的规定性根据与经验性的规定性根据区别开来，并举例说：当道德法则摆在一个原本正派的人面前，他凭借这个法则认识到撒谎者的卑鄙，这时他的实践理性立刻就会抛弃自己的利益，使自己与保持其对自己人格的敬重的东西（诚信）一致。这时那利益就被从理性的附属物中清理出去，而道德法则却永远不能离开理性。

但是[第6段]，康德又说：幸福原则与德性原则的区别[见定理四注释二]并不因此就是对立的双方。因为实践理性并不要求人们放弃对幸福的要求，只是要求在谈到义务时应当完全不顾个人的幸福。从某种意义上说，关怀自己的幸福甚至也可以是一种义务，因为一方面，幸福（如健康、财富等）包含着尽义务的手段，另一方面，幸福的缺乏（如贫困）包含着践踏义务的诱惑。当然，只促进自己的幸福，并非直接就是一种义务，更不是一切义务的原则。既然意志的规定性根据除了唯一的纯粹实践理性法则（道德法则）外都是经验性的，本身就是属于幸福原则的，因而必须从德性原则中分离出去，否则一切德性价值就被完全取消了。

接下来[第7段]，**再谈自由**。康德指出，能够取代纯粹实践理性**最高原则**[即根本原理]的演绎[即纯粹实践理性最高原理的演绎]的无非是**另外发觉**的获得，这就是：如果我们洞察到一个作为有效原因的自由[即自由的因果性]的可能性，那么我们肯定不仅洞察到作为理性存在者的至上**实践法则**的**道德法则**［可见实践法则＝道德法则］的**可能性**，而且完全洞察到其**必然性**，而对于这些理性存在者，人们也赋予其意志以**因果性的自由**，因为意志与自由这两个概念是如此不可分割地联结在一起，以至我们也可以通过意志对除了唯一的道德法则以外的任何其他东西的独立性来给**实践的自由**（praktische Freiheit）下定义。［其实这种新的发觉不过是《道德形而上学基础》第一章中已讲过的一种普通道德理性的直觉。］不过，作为一个有效原因的自由，就其可能性来说是根本无法洞察的，尤其是在感官世界里。但反过来，只要我们保证不会有对自由的不可能性的任何证明，又由于假定了自由的道德法则而不得不假定自由，并且通过这个法则证明有理由假定自由，那就已经是万幸了！［这样康德就以为可以从另一个角度来推出纯粹实践理性的最高原则或法则了。］但尽管如此，还是有人相信可以像对其他自然力那样，按经验性原则来解释自由，并把自由视为作为心灵的本性的心理学属性，而不是把自由视为一个属于感官世界存在者的因果性的先验的谓词［这就是所谓"先验的自由"的假设］，这样就把我们通过纯粹实践理性并借助于道德法则所接受的壮丽启示，即通过清楚意识到的自由这一先验概念而对一个理智世界的启示，都取消了。而一起取消的则是绝对不接受任何经验性的规定性根据的道德法则本身。于是就有必要对**实践自由**的概念再次加以阐述，以防止反对者所制造的这种幻觉，并把经验主义者的浅薄揭露出来。［这就是康德要对纯粹实践理性**原理分析论**进行说明的原因。］

　　再接下来［第8段］，**自由与必然性的区别**。康德说：与作为自由的因果性概念不同，作为自然必然性的因果性概念仅仅涉及物的实存，只要这种实存是可以在时间中决定的，从而作为显象之物的因果性就与这种显象的作为自在之物本身的因果性是相对立的。[这里是指：作为显象的因果性与作为物自身的因果性是对立的。]而如果我们把时间中物的实存这一规定认作物自身的规定（这种表象或观念是很常见的），那么因果关系中的必然性与自由就根本无法结合[协调]起来，相反，两者还处于矛盾的对立中。因为从必然性概念中得出的结论是：在某一特定时间点上发生的任何事件，从而每一个行动，都必然以前一时间点上发生的事件为条件。既然过去的事件不再受我控制，那我在此刻的行动就由于那先前发生的事件不受我控制而是必然的，也就是说，我此刻的行动是毫不自由的。的确，即使假定我的整个实存都不依赖于外部原因（如上帝），以至我的因果性规定性根据乃至我的整个实存都完全不在我之外，也不能把那种必然性变成自由。因为我不能回到过去［此处为解读者所加］，所以我在每个时间点上仍然要服从必然性，即任凭不再受我控制的事件去规定我的行动。这样，对那先在事件的无限系列，我只能按照先定的秩序来延续它，而不会自行开始它，因此它就会是一条持续不断的自然必然性链条，从而我的因果性完全不会是自由。［此段各种译本均很费解，因此这里进行了重译。］

　　再下面［第9段］，**拯救自由**。康德论述说，如果我们想把自由赋予一个其存在在时间中被规定了的**存在者**，那么我们至少不能把这个存在者从他的实存中，从而从他的行动中的一切事件的自然必然性法则中排除出去，因为如果这样做就等于把这个存在者交给了盲目的偶然性。在这种情况下，自由就必然会被当作一个毫无意义的和不可能的概念而遭到抛弃。因此，如果我们还要拯救自由，那就只有一个办法，就是把按照自然必然性而来的因果性交给作为显象的

存在者,而把自由交给作为自在之物本身的**同一个存在者**[即生物]
(**demselben Wesen**)。[这个办法是康德在《纯粹理性批判》第二版序中首先
提出的(参见《纯粹理性批判》邓译本,第21页)。在那里,康德把对象或客体在
两种意义上来用:一为现象,在那里没有自由,只有因果必然性;一为自在之物,
在那里有自由。这样必然性与自由就没有矛盾了。]如果我们要把互不相容
的两个概念(自然的必然因果性与自由的因果性)同时保住,就只能
这样做,不过要想把二者结合在同一个行动中,那似乎就不行了。

接下来[第10段],在行动中**自由与必然性的矛盾**。首先,康德举
例说,如果一个人有过一次盗窃行动,那我们可以说:这种行动是按
照自然法则从先行事件(或先前状态)[如处于饥寒之中]产生的一个必
然结果,那就不能产生不盗窃这回事。但按照道德法则,他是本可以
不去盗窃的,因此就会产生一个疑问:这个盗窃者在同一个时间点上
怎么能说是完全自由的呢? 对于这个问题,有人用"比较的自由"这
一概念做托词来加以辩解。但康德评论说,对作为一个主体的盗窃
者来说,他的盗窃行动受他的先前状态所控制,毕竟带有自然必然
性,因此没有留下任何先验的自由,而这种自由是必须作为对一切经
验性的东西,因而是对一般自然的独立性来思考的[如**自由落体的自
由**]。而没有这种唯一的先天实践性的(真正意义上的)自由,任何道
德法则、任何依据道德法则的责任追究,都是不可能的了。因此,康
德认为,那种把主体视为物质的自动机或精神的自动机的做法,并以
此来拯救自由是不行的。

再接下来[第11段],**矛盾的扬弃**。康德说,为了扬弃上述自然必
然性与自由之间表面上的矛盾,必须回忆一下《纯粹理性批判》中所
说的话或是从中推出的结论:与主体的自由不能并存的自然必然性

是就主体作为显象的主体即作为经验性品格来说的,而自由是就主体作为物自身的主体即作为直悟的品格而言的,因此自然必然性与自由在同一主体的同一行动中是不矛盾的。[参见康德《纯粹理性批判》二律背反一章第九节。]不过这里康德又补充道,对那个盗窃者来说,他可以把他的盗窃行动归咎于他的经验性品格,但他也会意识到自己作为物自身[人本身]的同一个主体,他的行动是由他自己的理性所制定的法则决定的,因此他可以说:这种事情他本可以不做。这样他就能够把由他的经验性品格所决定的不法行动归因于他本身。

接着[第12段],**良心**。康德认为,与上述观点一致的是我们称为**良心**(Gewissen)的那种奇特能力的**公正判决**。一个人尽可以矫揉造作,把自己的违法行为文饰为无意的过失、不可避免的不小心、受自然必然性的裹挟等,因而声称自己是无辜的。但他毕竟会发现为他辩护的律师决不能使他心中的原告(良心)保持沉默。这使他仍然不能免于自责和自己对自己发出的训斥。正是根据这一点,人们每当回忆起自己早先犯下的过错就会心怀悔恨,一种由道德意向所引起的痛苦情感不管怎么说也是符合法则的。因此,一个人的行为从道德上说不能由其经验性品格来评判,只能由自由的绝对自发性来评判。康德还指出,在有些情况下,有的人哪怕从小与别人同样受到**良好的教育**,但却很早就显出恶性来,甚至一直加剧到成年时代,以至人们把他称为天生的恶棍,他为自己的**违法行为**而受到惩罚,这时他自己(即使他还是个孩子)也会感到这是罪有应得的。(这大概就是良心吧!)

再接着[第13段],自由的**另一困难**。康德认为,如果人们把自由在一个属于感官世界的存在者中与自然机械作用(即自然必然性)结合起来,那么自由就还将面临一个困难:这种困难即使在至今所说的一切都得到人们的赞同,也仍然会使自由受到灭顶之灾的威胁。但出路还是有的,这就是:同样的困难对那种把时空中的存在视为自在之物本身的实存的学说[莱布尼茨的观点]所造成的压力更大,所以这个困难并不强使我们放弃我们最重要的预设,即感性直观的单纯形式和主体在感性世界所特有的表象方式的时间的观念性预设,而只要求我们把这个预设同自由的理念结合起来。

还有[第14段],由承认最高存在者的存在所引起的自由的**再一个困难**。康德指出,虽然人们承认理智的主体在一个被给予的行动上仍然能够是自由的,哪怕这个主体作为感官世界的主体在同一个行动上也是以机械的因果性为条件的,但是只要我们认为上帝作为普遍的原始存在者也是一切实体实存的原因(这是一个永远不能放弃的命题,除非你把上帝概念以及神学都放弃),我们就不得不承认:人的种种行动都能在上帝那里找到规定性根据。而实际上,在上帝存在的假设下,当人的行动属于人在时间中的规定时,不仅是对人作为显象的规定,而且也是人作为自在之物的决定,那么自由就无法拯救了。[这就是说,人既然是最高存在者的造物,那他们就谈不上有自由了。]这样一来,人就会是上帝所制造的上好了发条的傀儡式的自动机了。在这种情况下,人作为一架自动机,在一系列决定原因的最高处——上帝那里就像一只外来的手,那么这种自发性就只配被称为比较性的(即相对的)自发性。与此同时,康德质疑把时空视为属于物自身的存在规定的人如何避免行动的宿命论;或者像创世论者,他们直接承认时空必然属于有限的或派生的存在者的实存条件,但却不必然属于无限的原始存在者(上帝)的实存条件,这些人如何为自己辩护,等等。康德认为,如果人们不接受他的时空观念性学说,那就剩下了斯宾诺莎主义,即认为时空就是由原始存在者本身的本质决定的,而依赖于原始存在者的物(包括我们自己)并不是实体,而只是实体的偶性。康德认为斯宾诺莎的基本理念虽属荒唐,但其推论却比创世论更能让人信服。

接下来[第15段],**上述困难的解决**。康德解释说:如果时间中的实存就是这个世界中思维着的存在者的一种单纯感性的表象方式,而不涉及作为自在之物本身的存在者,那么,对这类存在者的创造就是对自在之物本身的**创造**(**Schöpfung**),因为创造的概念不属于实存的感性表象方式,也不属于因果性[因为时间本身是不能创造的],而只能与本体(物自身)发生关系。因此,如果对感性时间中的存在者说:他们是被创造出来的,那么就只能把他们视为本体而已。像说上帝是显象的创造者是一个矛盾一样,说上帝是感官世界的行动的原因也是一个矛盾。如果现在有可能在无损于这些行动作为显象的机械因果作用的情况下,同时主张有自由,那么说行动着的存在者就是被创造者就一点也没有改变什么[就还是有矛盾]。因为创造涉及的只是存在者的理智实存,而不是它们的感性实存,因此创造者(上帝)也不能被视为显象的规定性根据。但如果尘世的存在者是作为物自身而实存于时间中,那么结果就完全不同了,因为在这种情况下,实体的创造者(即上帝)同时又是这些实体的全部机械作用的推动者[这就意味着上帝创造了一切,这是典型的创世论]。[当然,康德的批驳不仅晦涩,而且也没有说服力。这一点他意识到了(见第16、17段),也进行了分辩,但同样没有说服力。]

下面[第18段],**对自由概念在超感性领域中造成巨大扩展的理**

由。康德说：既然在纯粹思辨理性的所有理念中，唯独自由概念在超感性的领域中造成了如此巨大的扩展，尽管这种扩展只是在实践知识方面。这是为什么？我立刻明白：因为没有范畴就不能思维任何东西，所以我必须在我现在的研究中首先找出与自由概念相关的范畴来，这就是**因果性范畴**。我还明白：尽管自由这个**理性概念**[即理念]作为一个逾界[超出经验界限的]概念并没有什么相应的直观为其基础，但作为一个理性概念对自由这个**知性概念**[即因果性概念]的综合却要求一个无条件者，而对这个知性概念来说，首先要在感性直观中被给予，以使其保有客观实在性。[这是《纯粹理性批判》一书中说清了的。]于是在思辨理性那里，范畴被分为两类：数学的（量与质）和力学的（关系与模态）。[见"概念分析论"。]而在纯粹理性的"辩证论"里，康德把数学类范畴的争论双方都判定为错误的，把力学类范畴的争论双方判定为都可能是真的。[见"先验辩证论"第二章第九节。]于是这里康德论述说：第二类范畴（事物的因果性和必然性范畴）要求为感官世界中的有条件者设定一个理智世界中的无条件者，以使知性概念的综合成为超验的[先天的]。在这里，两个表面上互相对立的观点[如：世界上有自由与世界上没有自由、一切都是自然，以及世界中有必然的东西与世界中没有必然的东西、一切都是偶然的（参见拙著《康德〈纯粹理性批判〉文本解读》，黑龙江大学出版社 2010 年版，第 316—319 页）]，实际上并不是矛盾的。例如，同一个行动作为感官世界中的行动在任何时候都是以感性为条件的，是机械的、必然的；但同一个行动，就那个存在者又属于理智世界而言，却能够以不以感性为条件的因果性为基础，因而能够被视为自由的。这样，一条无可辩驳的并且客观的因果性原理[即自由的因果性原理]就被发现了；这条原理从自己的决定中排除了一切感性条件,也就是说,在这里,理性不再以别的东西作为因果性的规定性根据,而是本身就通过这条原理包含了这个规定性根据,所以这时理性作为纯粹理性本身就是实践的。[这里韩译本和邓译本差别较大,现根据本人的理解进行了梳理。]但康德认为,这样一条原理并不需要搜寻与发明,因为它早已存在于所有人的理性中,并与人的存在融为一体,这就是德性原理。这样,这个无条件的因果性和这种因果性的能力,即**自由**[**即出于自由的因果性**],但连同自由的还有既属于感官世界又属于理智世界的存在者(我们自己),所以自由就不仅以不确定的和成问题的方式被思考为属于理智世界(思辨理性证明这样思考是适宜的),而且就自由的因果性法则而言,还以确定的和实然的方式而被认识到。这样,理智世界的现实性就以确定的方式被给予了我们。确切地说,实践的意图也因此被给予了我们,只是这种确定性就理论的意图看是超验的、逾界的,而就实践的意图看则是内在的[经验性的]。但就力学的理念而言,即就一个必然存在者的理念而论,我们却不可能采取同样的步骤。因为如果没有第一个力学的理念(即因果性)居间,我们就不能从感官世界达到这个必然存在者(即灵魂或人格)。如果我们想试一试,来一个大胆的飞跃,舍去给予我们的东西(感性的东西),而闯入一个任何东西都不曾给予我们的境界,那么借此我们就促成这个理智存在者与感官世界的联结(因为这个必然存在者应当被认为是在我们之外,即在经验之外被给予的),而相反,就如我们当下所阐明的那样,这一点就我们自己的主体而言是完全可能的,只要这个主体一方面通过道德法则把自己(借助于自由)规定为理智的存在者,另一方面自己认识到自己是按照感官世界里的规定而行动的。因此,只有自由的概念能够允许我们无须超出我们之外而为有条件者和感性的东西寻得无条件者和理智的东西。因为正是我们的**理性自身**（**Vernunft selber**）通过至上的无条件的实践法则认识到自己［这就是理性的自我意识］，即那个意识到这个法则的存在者（我们自己的人格），认识到自己属于纯粹知性世界（即理智世界），更确切地说，是认识到自己这个存在者本身能够得以活动的**方式的使命**（**Bestimmung der Art**）。这样我们就理解了，为什么在整个理性能力中唯有实践能力才能帮助我们超出感官世界，并使我们获得关于超感性的秩序和联结的知识。正因如此，这种知识的扩展当然就只能限定在纯粹实践的意图所需的范围之内。［这是一段结论性的论述，非常重要，虽然晦涩，但仍值得仔细体会。］

最后［第 19 段］，对理论理性和实践理性所需的**精确性论述要求**的建议。（略）

［总之，康德的先验论与二元论本身造成了他的自由观的重重困难，虽然他从各个角度进行了辩解，但还是没有说服力。就此而言，他的自由观远远落后于法国启蒙思想家的天赋人权论。但尽管如此，他还是坚定地从人类理性的本性出发呼吁人的自由权利，这仍然是难能可贵的。］

第二卷　纯粹实践理性辩证论

第一章　纯粹实践理性的一般辩证论

[**提示**]这个概论主要是对两种辩证论的比较,作为引论。

首先[第1段],辩证论的由来。康德说:纯粹理性从其本性上说总是有其辩证论的,而不论是在其思辨应用中,还是在其实践应用中,因为它总是向一个被给予的有条件者要求那绝对的条件总体,即无条件者,而这个总体或无条件者只有在自在之物本身中才能找到。但是,[在理论理性中]一物的概念必须与其直观相关,而直观又总是感性的[即感性直观],因此,一个对象只有不作为自在之物本身,而仅仅作为显象才能被认识,因为在作为显象的有条件者的系列中是永远不可能遇到无条件者的。这样一来,从作为条件总体(无条件者)在显象上的应用中就必然会产生一种**幻象**(Schein),就像显象就是自在的事物本身一样[按郑昕在其《康德学述》中的解释所说的"无条件者就在显象之中一样"]。但是如果不是理性把这个幻象设定为有条件者之上的无条件者并应用于显象时所暴露出的自相冲突,其欺骗性就永远不会被发现。但理性由此被迫去追踪这个幻象,看看它是如何产生、如何消除的,而这只有通过对纯粹理性能力的彻底批判才能做到。人类理性终于发现:纯粹理性在其辩证论中显现出来的二律背反,是理性历史上可能陷入的最有益的迷途,因为它促使我们设法去寻求走出迷途的线索,并向我们揭示更需要的东西,也就是对事物的一种更高而不变的秩序的展望;我们现在正处于这种秩序中,而且我们现在就可以由确定的规范来指导,按照最高的理性的规定,在这种秩序中继续我们的**生活**（**Dasein**）。[这就是道德生活的秩序。]

其次[第2段],两种辩证论。对纯粹理性在其思辨应用中所产生的幻象的批判,已经在《纯粹理性批判》中论证过了。纯粹理性在其实践应用中也是一样。它作为纯粹的实践理性,同样要为实践上的有条件者（基于偏好和自然需求上的东西）寻求无条件者,而且还不是作为意志的规定性根据,而是即使这个根据（道德法则）已被给予后,仍以**至善**的名义去寻求那[作为]纯粹实践理性之对象的**无条件的总体**[即包括**灵魂不死和上帝存在**在内的总体]。

接着[第3段],关于**至善学**。至善学在古代被称为**智慧学**,甚至理性还要把它变成一种科学,有人还要做一名**智慧的导师**。但只有通过不断努力,对自己的克制和对普遍的善首先抱有无可怀疑的兴趣的人,才有资格接受**智慧导师**的尊称。

再接着[第4段],是提醒。康德说:为让纯粹实践理性的辩证论取得最好的成果,纯粹实践理性就必须坦率揭露其自相矛盾,并对自己的能力进行彻底的批判。

往后[第5段],**关于至善**。康德指出:道德法则是纯粹意志的唯一规定性根据,但却只是**形式上的**[**根据**]。[这就是一元决定论,确切地说,是一元的形式决定论。]所以,这种规定就抽掉了一切质料,因而抽掉了意志（欲念）的一切客体。但尽管**至善**是纯粹实践理性即纯粹意志的**全部对象**,这种对象[即至善]却不能被视为**纯粹意志**的规定性根据,而唯有道德法则才能被视为使至善成为客体的根据。[这里的意思是:道德法则不仅是意志的唯一规定性根据,同时也是使至善成为意志的客体的根据。]康德认为,这个提醒(界定)在对德性原则的规定上是非常重要的,哪怕有一点偏离,就会造成对道德意向的歪曲。因为在分析论中已经可以看出:如果我们在道德法则之前把任何一个客体以至善的名义当作意志的规定性根据,然后再引出至上的实践原则(即道德法则),那就会带来他律并引出而排斥了道德原则。

　　最后[第6段],再次提醒不要陷入自相矛盾。康德说,如果把道德法则作为至上条件包含在至善的概念中,那么至善就不但是一个客体,而且它的概念(至善概念)连同它通过我们的实践理性而可能的实存的表象都成了纯粹意志的规定性根据,因为在这种情况下,至善概念以及包含着并同时被想到的道德法则,这样就不是别的东西按照自律原则规定意志了。所以有关意志规定的诸概念的先后次序应当受到密切注意,否则就会造成误解和自相矛盾。[看来康德是坚定地坚持他的唯心主义形式决定论的。]

第二章 纯粹理性在规定至善概念时的辩证论

[引言]像《纯粹理性批判》中宇宙论(自由)的二律背反一样,康德在这里讨论了实践理性中**至善论**的二律背反。

首先[第1段],**至上(Höchst)概念的两重含义**。康德指出,**至高(Höchst)**这个概念既可指无上,也可指完满。前者是指最高的、本身无条件的东西;后者是指一种最大的整体,本身不再是另一个整体的一部分。分析论已经证明(见分析论第一章第七节之系定理注释):**德行**(作为配得上幸福资格的东西)是所有值得我们向往的以及谋求一切幸福的努力的无上条件,因而是**最高的善(oberste Gut)**;但这种德行还不是作为有限理性存在者欲求能力之对象的全部而完满的善。为成为这种善,还得有**幸福(Glückseligkeit)**,而这种幸福不仅是个人的偏私需要,而且也是一般人的无私的理性判断的需要。因为需要幸福,也配得上获得幸福,但却享受不到幸福,这可能与一个**全能的理性的存在者**[上帝]的完满欲望不相符,即便这个存在者是我们为了试验而设想的。但是,**德行**与**幸福**一起构成了一个人对至善的拥有,而与此同时,幸福在精确地按照与德行的配比(作为个人的价值和享有幸福的资格)来分配时,也构成一个可能世界的至善。这样的**至善就**

意味着整体和完满的善，而德行在这种至善中始终是无上的善。相反，幸福虽然让人感到快慰，却总是以**符合道德法则的行为**作为前提的。

其次［第2段］，在**一个概念**里必然地联结起来的两个规定必须是作为根据与结果才能联结在一起的，而这种联结的统一体，要么依据同一律被视为分析的（逻辑的联结）［这就是"分析的统一"］，要么依据因果律被视为综合的（实在的联结）［这就是"综合的统一"］。这样，德行与幸福的联结就可以有如下两种理解：或者是，努力成就德行与合理谋求幸福并非两种不同的行动，而是完全同一的行动，因为这两种行动是以同一个准则为根据的［这是分析的统一］；或者是，两者处于这样的关系中，即德行把幸福当作某种与德行意识不同的东西产生出来，就像原因产生结果一样［这是综合的统一］。

再次［第3段］，古希腊有两派在决定至善概念时采取了同样的方法，他们不把德行与幸福当作至善的两种不同的要素，因而就其按照同一律以寻求原则的统一性而言，遵循着同样的方法［即分析方法］，但他们却选择了不同的根据概念。伊壁鸠鲁派说：意识到自己的导致幸福的准则，就是德行［意即对幸福准则的意识就是德行，简言之，幸福就是德行］；斯多亚派说：意识到自己的德行，就是幸福［意即对德行的意识就是幸福，简言之，德行就是幸福］。康德解释说：前者的意思是，明智［对幸福原则的意识］就等于德行；后者给德行挑选了尊称，唯有德行才是真正的智慧。

接着［第4—5段］，康德对古希腊哲学家挖空心思，硬要把幸福概念与德行概念这两个不同性质的概念等同起来的做法表示惋惜。他认为，这两派在把德行与幸福这两个实践原则等同起来时，并没有掩盖他们的巨大分歧:伊壁鸠鲁派把自己的原则建立在感性上,斯多亚派把自己的原则建立在逻辑(理性)上,前者主张德行概念已经包含在幸福准则之中,后者主张幸福感情已经包含在德行意识之中。但康德批驳道:首先,凡是被包含在另一概念中的东西["人皆有死"中的"死"],固然与包含者的一部分相同["死"是"人"的概念的一部分],但并非与其包含者整体等同["人有死"不等于"死就是人"]。其实这不过是个别与一般的关系,列宁在《哲学笔记》中说:一切个别都是一般(这花是红的),一切一般都是个别的一部分或本质(红是花的一个属性)]。再者,两个整体即使是由同一种材料组成的,但如果那些材料以不同的方式组成不同的整体,那么整体之间也会有种类上的区别[例如同一批学生既可以组成一个学习班,也可以组成一个体操队]。伊壁鸠鲁派主张:幸福就是整个至善,而德行不过是达到幸福的形式,是一种手段而已。斯多亚派主张:德行就是整个至善,幸福不过是拥有德行的意识(感觉),是一种主观状态而已。

最后[第6段],结论。康德说,分析论已经表明,德行准则与个人幸福准则就至上的实践原则而论,是完全不同性质的东西,尽管它们同属于一个至善并使其成为可能,但却在同一个主体(整体)中互相限制、互相拆台。所以"至善如何可能"这个问题仍然是一个尚未解决的问题。这个问题在分析论中已经提出来了,这就是:**幸福和德行是至善的两个不同要素**,因此它们的结合是不能分析地[即用分析方法]看得出来的(例如既不能从幸福概念中分析出德行概念来,也不能从德行意识中产生幸福感),相反是把两个概念综合地[即用综合方法]结合起来的。但既然两个概念的结合被视为先天的,因而在实践上就是必然的,所以这种结合不能从经验中推导出来,而至善的可能性也不能基于任何经验性原则,所以对至善概念的演绎也必须是先验的。也就是说,通过意志自由产生出至善,这先天地(在道德上)是必然的,所以至善的可能性条件也必须建立在先天的知识根据上(参见分析论中"**纯粹实践理性原理的演绎**"等处)。[但不幸的是,这里却遇到了二律背反。]

一、实践理性的二律背反

[**提示**]下面是这种二律背反的表述。

在实践的即必须通过我们的意志而使之实现的至善中,德行与幸福必须被设想为必然地结合着的,以至一方若没有与另一方同时归属于至善,就不能被实践理性所接受。现在,这种结合要么是分析的,要么是综合的。但既然如前所述,这个被给予的结合不可能是分析的,那就只能被设想为综合的,即被设想为原因与结果的联结:因为这种结合涉及一种实践的善,即通过行动而可能的善,所以在这里,要么对幸福的欲求必须是德行准则的动因[即幸福欲决定德行准则],要么德行准则必须是对幸福起作用的原因[即德行准则决定幸福感]。前一种情况是绝对不可能的,因为(分析论中已经证明)把意志的规定性根据置于对幸福的渴求之下的准则,是不道德的,也不能为道德建立基础。但后一种情况也是不可能的,因为在现世中作为意志规定的后果,作为因果的实践联结,不可能取决于意志的道德意向[即不取决于主观意愿],而是取决于对自然法则的认识以及把这种认识应用于自己的意图的身体上的能力[换言之,取决于自然法则],因而不能指望在现世通过对道德法则的严格遵守,而实现幸福与德行之间的任何必然的和足以达到至善的联结。那么,既然在至善概念中包含着这种联结,而对至善的促成又是我们意志的一个先天必然的客体,而且与道德法则不可分割地联系着,所以前一情况就不可能必然证明后一种情况的虚妄[就是说,因为由幸福欲来决定德行准则是完全不可能的,所以由德行准则决定幸福感也必然是不可能的]。所以,如果至善按实践规则是不可能的,那么命令人们促进至善的那一条道德法则也必定会流于幻想,指向空洞想象的目的,因而本身就是虚妄的。[这样纯粹的实践理性就陷入既承认道德法则的规定性作用,又不承认其规定性作用的因果性的自相矛盾中,而康德却没有明确指出来这个问题。]

二、实践理性二律背反的扬弃

[提示]本节共分8段。

首先[第1段],纯粹思辨理性二律背反的扬弃。康德指出,纯粹思辨理性的二律背反是自然必然性与自由之间的冲突。消除方法是:把事件与事件所发生的世界[感官世界]仅仅视为显象,同时把造成事件的行动着的**个人**(**Person**)视为本体,可以不受自然法则的支配,因而是自由的,这样就没有矛盾了。

下面[第2段],纯粹实践理性二律背反的扬弃。康德指出,纯粹实践理性二律背反与纯粹思辨理性二律背反的情况是一样[实际是类似]的。后者两个命题中的第一个是:对幸福的追求产生了德行意向的根据[即幸福感决定德行意向,实即情感决定理性],是绝对错误的;而第二个命题是:德行意向必然产生出幸福[即德行意向决定幸福感,实即理性决定情感],则不是绝对地错,而只就德行意向服从于感官世界的因果性法则而言才是错误的,因此只是有条件地[相对地]错。[这就是在因果性上的绝对错误与相对错误的冲突,这里康德还没有明确点出实践理性的二律背反。]但因为我不仅有权把我的存在设想为知性世界[即理智世界]中的本体,[因而是自由的],而且在道德法则上对我(在感官世界中)的因果性上有一种纯粹理智的规定性根据,所以意向中的德性[德行]作为原因,与作为感官世界中结果的幸福具有即使不是直接的却也是间接的(借助于一个理智的自然创造者,即上帝),也就是必然的关联,这不是不可能的,不过这种结合在一个仅仅是感官客体的自然中,永远只能偶然地发生,而不能达到至善。[**这样康德就把德性与幸福的必然联结推到对上帝的假设中去了。**]

再下面[第3段],实践理性二律背反的实质。康德指出,尽管实践理性自身有这种表面上的冲突,**至善**仍然是在道德上被规定的意志的必然而至上的目的,是**实践理性的真正客体**;因为至善在实践上是可能的,而且在质料上与至善相关的意志准则还具有客观实在性,这种客观实在性由于德性与幸福按照一条普遍法则[即因果性法则]相结合而受到二律背反的冲击;但这只是出于**误解**,因为人们把显象间的关系用在了自在之物本身与这些显象之间的关系上。[这就是纯粹实践理性二律背反的实质。]

后面[第4段],对伊壁鸠鲁派与斯多亚派的批判。(略)

接着[第5段],纯粹理性法则与人类本性。康德在批判古代与现代道德学家的主张时指出:直接按纯粹理性法则的规定去行动,是人类理性中崇高的东西,甚至这样一种错觉,即把理智对意志的可规定性的主观因素视为某种感性东西和某种特殊感性情感的作用,也是人类理性中崇高的东西。因此,关注我们人格的这种品性,尽可能地培植理性对这种情感的[指导]作用,也是相当重要的。但是,我们也必须提防人们把特定的欢乐情感视为作为动机的道德规定性根据的基础(其实这种欢乐情感不过是道德行动的结果而已),从而对这种所谓的规定性根据妄加赞誉,一如借助于虚幻的泡沫,来贬低和丑化道德行动的真正动机,即道德法则自身。于是,只有敬重的情感,而非愉悦或对幸福的享受,才是道德行动的**真正动机**,它与愉快的情感没有类比性,因为它们虽然能造成同样的情感,但却有不同来源。但是,我们只有通过这样的表象方式[即通过比较],才能达到我们所需求的东西,即道德行动的发生不仅合乎义务(按照快意情感),而且出于义务,这表象是我们**道德教育**(moralischen Bildung)的真正目的。

再接着[第6段],关于**自足**(Selbstgenugsamkeit)。康德问:是否有那么一个词,它不像幸福一词那样表示着一种享受,但却指明了一种对我们实存的愉悦,一种与幸福类似的东西?他的回答是:有!这个词就是**自足**,它本来只是暗示着对我们实存的一种消极的愉悦,在其中我们一无所求。而自由与对自由作为一种以压倒性意向遵守道德法则的能力的意识,是对一切偏好的独立性,至少是对作为我们欲求的规定性动因(即使不是刺激性动因)的那些偏好的独立性,而且就我遵守自己的道德准则时所意识到的这种独立性而言,它还是某种必然与之结合在一起的、不基于任何情感的、恒久不变的满足的唯一根源,这种满足可称为理智的满足。而那基于对偏好的满意之上的感性的满足,无论雕琢得多么细致,也永远不适合于我们当下所思考的满足。因为偏好总是变化的,并且永远给我们留下一个填不满的洞壑,所以它永远是理性存在者的一个累赘,而且即使他没有能力摆脱这些偏好,它们也会迫使他从中解脱出来。在这种情况下,即使合乎义务的偏好(如善行)能使道德准则更好地起作用,也不能产生这种作用[即不能代替这种作用]。因为一种行动所包含的不仅应当是**合法性**,而且应当是**道德性**,准则中的一切都必须指向作为规定性根据的法则表象[即法则意识]。而偏好则是盲目的和带有奴性的,无论它好不好,如果事情取决于德性,那么理性就不仅必须充当偏好的监护者,而且作为纯粹的实践理性,必须不顾偏好,完全只关注自己的[道德]兴趣。而同情和怜悯的情感先于对义务的思考,而成为规定性根据,甚至也会让思维健全的人感到烦恼,使其深思熟虑过的道德准则陷于混乱,并使他们希望从中解脱出来,而只服从于立法的理性。

　　随后[第7段],消极的满足。康德说:这样就可以理解,对纯粹实践理性这种能力的意识如何能够通过其行动(德行)而产生出抑制自己偏好的意识,同时也产生出独立于这些偏好,从而也独立于总是伴随这些偏好的不满足的意识,这就产生了对自己状况的一种消极的愉悦,即消极的满足,这种满足在根源上就是对自己人格的满足。自由本身以这种方式(即间接的方式)[来起作用]就可以是一种享受,当然这种享受不能被称为幸福,因为它不依赖于某种情感的积极参与,严格来说也不能被称为永福,因为它并不包含对偏好和需求的完全独立性。但它毕竟与永福近似,因为至少这种满足在其意志规定上可以免除这些偏好和需求的影响,故至少按其起源[理性的起源]说是与我们只能赋予最高存在者的那种自足相类似的。[这段邓译本译文流畅,只是个别地方指代关系不甚清楚。]

　　最后[第8段],结论。康德从实践理性二律背反的解决中得出的结论可以概括为三点:**首先**,在实践原理中,在德性意识与作为德性的后果并与其配比相当的幸福的期望之间,一种自然而必然的结合至少可以设想为可能的;相反,谋求幸福的原理要产生出德性是不可能的,因此那无上的善(作为至善的第一个条件,即要素),就是德性,反之,幸福虽是至善的第二个要素,却是以德性为条件的,但它毕竟是德性的必然后果。**其次**,只有在这种隶属关系中,至善才是纯粹实践理性的整个客体,这样,纯粹实践理性必须把这个至善表象为可能的,因为竭尽可能促进至善的实现,是纯粹实践理性的一个**命令**。**最后**,由于有条件者与其条件[无条件者]的这种结合的可能性完全属于事物的超感性关系,按照感官世界的法则是根本不能被给予的,哪怕这个理念[至善]的实践后果即以实现至善为目标的行动,是属于感官世界的。所以我们将努力去阐述这种联结的可能性根据,首先是从我们直接力所能及的事情做起,其次是通过理性为弥补我们在至善的可能性上的无能为力,而(按照实践原则必然)呈献给我们的,又为我们力所不及的事情。[看来当时康德对彻底解决纯粹实践理性的二律背反尚无信心,这个困难一直留到今天仍未能解决。]

三、纯粹实践理性在与思辨理性联结中的优先地位

首先[第1段],是解题。康德说,所谓两件或两件以上由理性联结起来的事物中的优先地位,是指其中一件事物在与其他事物联结中作为首要规定性根据的这种优先权。就思辨理性与实践理性两者而言,理性的思辨应用所关心的是认识客体,直至其最高的先天原则。[纯粹理性的最高原则可表述为:"如果有条件者被给予,则整个相互从属的本身是无条件的条件序列也被给予。"(康德:《纯粹理性批判》邓译本,第266

页)]理性的实践应用所关心的则是就其最后的完整目的而言的**意志规定**(Bestimmung des Willens)。而对一般理性应用来说,这种应用的可能性要求其各个原则和主张彼此不能矛盾,这时它的兴趣只在理性本身的扩展上。

接着[第2段],实践理性与思辨理性的对比。康德说,如果实践理性除了思辨理性交给它的东西外,再没有别的东西可供其思考了,那么思辨理性就具有优先地位。但如果实践理性自身就拥有本源的先天原则,而与这些原则不可分割地结合在一起的是某些理论的断言,而这些断言又是思辨理性所不能洞见的(尽管这些断言与思辨理性并不矛盾)。这直接向思辨理性提出一个问题:它是接受实践理性的这些断言,还是拒绝接受它们。

再接着[第3段],实践理性与思辨理性的联结。康德认为,只要实践理性是以本能的东西为条件的,即以幸福的感性原则为基础的,那么就根本不能对思辨理性提出这种过分要求。如果像神智学家和神秘主义者那样纠缠理性,一定要与理性融合起来,那就不如根本没有理性。而如果纯粹理性自身就是实践的和现实的,就像道德法则的意识所证明的那样,那就总是有同一个理性。而这个理性不管出于理论意图,还是出于实践意图,都在按照先天原则进行判断,这样一来,即使理性的理论命题中那些不能肯定确立的命题也并不与理性相矛盾。而正是这些命题,只要它们不可分割地属于纯粹理性的实践兴趣,理性就必须接纳它们,并把它们与思辨理性所支配的东西相比较、相联结。但理性必须明白:它这样做并非理性的洞见,而是理性的应用向别的意图即实践意图中的扩展,这与理性限制思辨应用的违禁的兴趣是一点也不相悖的。

最后[第4段]，结论。在纯粹思辨理性与纯粹实践理性结合为一种知识时，实践理性占据了优先地位。原因是：两者的结合绝非偶然的和**随意**的，而是先天地以理性本身（Vernunft selbst）为基础的，因而是必然的。假如没有这种先后的从属关系，理性与其自身的冲突就会暴露出来，因为如果两者互相并列，思辨理性就会紧紧封闭它的边界，而拒绝接受实践理性中的任何东西到自己的领域中来，而实践理性仍会把自己的边界扩展到一切地方，并按照自己的需要把思辨理性纳入自己的边界中来。但我们根本不能指望实践理性会从属于思辨理性，从而把秩序颠倒过来，因为理性的一切兴趣最后都是实践的，况且思辨理性的兴趣只是有条件的，唯有理性的实践应用才是[至上的]、完整的。

[应当说，康德关于实践理性的优先地位的论述是合理的和精彩的，这种思想与儒家经典《大学》中"大学之道，在明明德，在亲民，在止于至善"的训诫以及王阳明的"心即理"、"心外无物"、"知行合一"、"存天理"、"灭人欲"与"致良知"等心学理论竟不谋而合。]

四、纯粹实践理性的公设（Postulat，假设）之一：灵魂不朽

首先[第1段]，从至善的神圣性与完满性说起。康德说：至善在现实世界中是一个可由道德法则来决定的意志的必然客体。而在意志中，意向与道德法则的契合[韩译本作切合，邓译本作适合，这种契合实际上就是对立两方面的统一，即对立的统一]是至善的至上条件。因此，这种契合必须与意志的客体[至善]一样也是可能的，因为这种契合被包括在必须促进至善的同一个命令中。而意志与道德法则的完全契合就

是神圣性,是感官世界中有理性的存在者在其实存中任何时刻都不能做到的完满性。但这种神圣性和完满性却是实践上的必然要求,所以它只能在一个向着完全契合的而无限前进中才能找到。这样,按照纯粹实践理性的原则,就有必要假定这样一个实践的进步作为我们意志的实在客体,这是必然的。

接着[第2段],推出灵魂不朽。康德论述说:但这个无限的前进只有以同一个有理性的存在者的无限持续的实存及其人格为前提才有可能,这样的人格就被称为**灵魂不朽**。所以结论是:至善在实践上只有以灵魂不朽为前提才有可能,因此当灵魂不朽与道德法则不可分割地结合在一起时,就是纯粹实践理性的一个公设。

最后[第3段],灵魂不朽的实用价值。康德指出,灵魂不朽的假设有着极大的用处,这不仅是考虑到弥补思辨理性的无能,而且也着眼于宗教信仰。而缺少"意志与道德法则的完全契合"(即灵魂不朽)这个命题,则或是使道德法则失去其**神圣性**(**Heiligkeit**),或是把自己的**天职**(**Beruf**)和**期望**(**Erwartung**)迷失在狂热的神智学的梦呓中。而通过这两者,所阻碍的只是那种不停息的努力,即努力准确而彻底地遵守一种严格而不宽纵的,但也不是理想化的而是真实的**理性命令**。康德认为,对于一个有理性的但又有限的存在者来说,只有从道德完满性的低级阶段向高级阶段的无限迈进才是可能的。而那不受任何时间条件限制的**无限者**[即不死的灵魂]则在这个对于我们[意志]的无限系列里面看到了[我们的意志]与道德法则相契合的整体,而神圣性乃是它[无限者]一丝不苟的要求,以合乎它派给人们人手一份应得的至善方面的公正性,而这种神圣性则在对这些有理性存在者的此生的某种唯一的理智直观中一览无遗。就分享这份至善的希望而言,唯一能归于被造物的是对他那经过考验的意向的意识,以便从他迄今从比较恶劣到道德改进的进步中,从他由此而得知的不可改变的决心中,希望这个进步不断继续下去,而不论他的生存达到多么长久,甚至超出此生,而只在(唯有上帝才能一目了然的)他的无限延续中,与上帝的意志完全相符。[这就是灵魂不朽的价值。]

五、纯粹实践理性的公设之二:上帝存在

首先[第1段],问题的提出。康德指出,道德法则导致了一个没有任何感性动机加入而只通过纯粹理性颁布的实践任务,这就是导致至善的第一和主要的部分即德性的必然完整性的任务,而由于此任务只有在某种永恒中才能完全得到解决,这就得出了对灵魂不朽的公设,而正是这条完整性的德性法则又导致了至善的**第二个要素**,即与德性相契合[即相对立统一]的幸福的可能性,即必须把**上帝的存在**设定为至善的可能性[根据]。[如果说,第二要素是**上帝存在**,那么第一要素就是此前所设定的**灵魂不朽**。]

接着[第2段],推定上帝的存在。按照康德的说法,**幸福**是现世中理性存在者在其一生中凡事都按愿望和意志而行的一种状态[在《纯粹理性批判》中的定义是:"幸福是对我们的一切爱好的满足"(参见康德《纯粹理性批判》邓译本,第612页)],因而依赖于自然和他的整个目的,并与他的意志本质[意志自由]的规定性根据[德性法则]契合。现在道德法则作为自由法则,是通过规定性根据颁布命令的,而这种规定性根据应当完全独立于自然以及自然与我们欲求能力(作为动机)的契合。但在现世中,行动着的理性存在者并不是这个世界或自然的原因。

所以,在道德法则中,没有丝毫根据说德性与幸福之间有着必然联系,因此,这个存在者不能通过其意志而成为自然的原因,并且他也不能凭自己的力量使涉及其幸福的自然与其实践原理完全协调起来。但在实践理性的任务中,即对至善的追求中,这种联系被设定为必然的,这就是说:我们应当设法促进**至善**(它必定也是可能的)。这样整个自然的而又与自然有别的一个原因的存在就被设定了,而这个原因包含着上述联系的根据,即幸福与德性精确地[即按照确定配比(搭配)地]契合的根据。但这个无上的原因不仅应当包含自然与理性存在者的意志法则相契合的根据,而且应当包含自然与法则表象、自然与道德形式、自然与德性、自然与道德意向等契合的[最高]根据。于是,为了达到至善,自然的无上原因就被设定了,这就是**上帝**,这就是**上帝存在的公设**。[其实康德的这种论证是没有什么道理的,也是不能令人信服的。]

再接着[第6段],**上帝的命令**。康德指出,**道德法则**通过作为纯粹实践理性的**客体**和**终极目的**的概念而**导致宗教**,即导致一切义务乃上帝的命令而非上帝的制裁的知识,即它们不是外在意志的任意和偶然的训示,而是每个**自由意志的根本法则**,只是这种法则必须被视为**最高存在者的命令**,因为我们只有从一个道德上完满的(神圣的和仁慈的)同时也是全能的意志那里,从而通过与这个意志的契合才能达到至善,并把至善确立为我们那里的对象,此乃道德法则为我们确立的义务。……但这个至善必须通过我的意志与一个神圣而善意的创始者的意志契合,否则我就不能希望实现它。

往后[第8段],分享幸福的条件。康德说,如果某人拥有某物或某种状态的情形与至善相符合,那他就配得上享有这种事物或状态。

现在人们已经明白,一切配得上都取决于德性的行动,因为这种行动在至善的概念里构成了其余东西(事物或状态)的条件,即构成了分享幸福的条件。现在可以得出结论:人们决不可把**道德学**当作**幸福学说**来对待,即当作如何享有幸福的指导来对待,因为道德学仅仅处理幸福的理性条件(必要条件),而不处理获取幸福的手段。但如果想使道德学得到完整的阐述,那就只有把上帝之国带到我们中间,以使以法则为基础的道德愿望被唤醒,并由此向宗教之路迈开步子之后,德性学说才能被命名为幸福学说,因为对幸福的渴望首先是与宗教一起发轫的。

再往后[第9段],上帝创世的**终极目的**。康德说,如果人们追问上帝创世的终极目的,那么他们不应举出世上理性存在者的**幸福**,而应举出**至善**,而至善在这些存在者的愿望里加了配享幸福的条件,这就是理性存在者的德性,唯有德性才包含着人们希望从一个智慧创造者手中分得幸福的尺度。……我们不能赋予一个最高智慧某种仅仅建立在仁慈之上的目的,因为我们只有在与作为至善的上帝意志的神圣性契合时,才能思考这种仁慈的果实(就理性存在者的幸福而言)。所以,那些把创世的目的归于**上帝的荣耀**的人们,也许是碰到了绝妙的词语。因为最使上帝荣耀的莫过于敬重**上帝的命令**,遵循上帝的法则托付给我们的神圣义务,使上帝的宏伟设计得以达到适当的幸福,并使如此华丽的秩序得以圆满实现。

最后[第10段],结论。康德说,在这个[创世者庄严设计的]目的秩序里,**人就是目的本身**,他不能被任何人(包括上帝)单单用作手段,因此,我们人格中的**人性**对于我们自身而言必定是神圣的,因为它是**道德法则的主体**,从而是那些本身是神圣的东西的主体,因为**道**

德法则是建立在他自己的**意志自律**的基础上的,而他的意志乃是一个**自由意志**,它[自由意志]根据自己的普遍法则,必然能够同时与它应当服从的东西[上帝的意志]相符合。[这样康德就从上帝的公设里又导出了**自由意志的公设**。]

六、总论纯粹实践理性的公设

首先[第1段],康德认为,上述的公设全都是从**道德性原理**(**Grundsatze der Moralität**)[即前面所说的**德性原则**(**Prinzip der Sittlichkeit**)、**德性法则**(**Gesetz der Sittlichkeit**)、**德性原理**(**Grundsatze der Sittlichkeit**)]出发的,但这个原理[本身]却不是一个公设,而是理性用来直接规定意志的法则,而这个意志正由于[被理性]所规定才作为**纯粹意志**而必须去遵守其规范这样一个必要条件。但这些公设并不是理论的教条,而是必要的实践关怀的前提条件,因此虽然不能扩展思辨的认识,却凭着它们与实践的关系而赋予普遍的思辨理性的理念以客观实在性,这是思辨理性原本不敢做的。

接着[第2段],康德论述了三种公设:**灵魂不朽**、**自由**与**上帝存在**。第一个公设[**灵魂不朽**]来源于与道德法则的完整实现相吻合的**持续性**;第二个公设[**自由**]来源于一个存在者对于感官世界的**独立性**,和这个存在者按照**理智世界**[即**自在之物的世界**]的法则规定其**意志的能力**,即自由这个必要的**前提条件**;第三个公设[**上帝存在**]来源于这样一种**条件的必要性**[即**必要条件**],即:这样一个理智世界通过对**至高独立自存的善**(**höchsten selbständigen Guts**)即**上帝存在**的假设,而使**至善**(**höchste Gut**)成为可能[这样一种**条件的必要性**]。

接着[第3段]，所以，由于对通向至善的必要意图的道德法则的敬重，以及至善因之发源的客观实在性的前提条件，通过实践理性的公设，导致了思辨理性虽然作为课题提出，但却不能解决的[纯粹实践理性之对象的]诸概念。这样就：(1)导致了这样一个课题，即思辨理性在解决它时不能不陷入**谬误推理**(**这就是不朽的课题**)，而由于实践理性的全部目的之至善与道德法则相吻合的需要，**终极主体**的持存性公设[即灵魂不朽]就确立起来了。(2)导致了思辨理性**二律背反**的概念，并把它的解决建立在一个虽然可以设想但却成问题的概念上，而其客观实在性却是思辨理性无法证明和规定的，这就是理智世界的宇宙论理念以及我们在这个世界中存在的意识，而思辨理性之所以导致这样的概念，是由于凭借了**自由的公设**(实践理性正是通过道德法则阐明了自由的实在性，而思辨理性则只能指出这个世界，却不能规定其概念)。(3)它还使思辨理性虽然想到，却不得不让它作为一个单纯的先验理想而不加规定的东西，即作为原始存在者[即**上帝存在**]而获得了意义(即实践意图的意义)，也就是在一个理智世界中通过其中带有文化内涵的道德立法而使至高的至善原则所具有的意义。

最后[第4段]，康德追问：但现在我们的**知识**[指纯粹实践理性的**诸概念**]以这样一种方式，借助于纯粹实践理性难道就有了实际的扩展——而对思辨理性来说曾是超验的东西——就成了内在的[经验应用的]吗？当然是，不过这仅仅是在实践的意图中。[**这就是说，在实践的意图中，自由范畴表所列的善恶概念就可以作为经验的应用了。**]因为在这里我们虽然既没有对灵魂的本性[不朽]，也没有对理智的世界[自由]，更没有对最高存在者[上帝存在]，按照它们本身所是的而有所认识,而只是把它们的概念在作为我们自由意志的客体的**至善**这一实践的概念中结合起来了。但为什么就连自由也仅仅是可能的,而我们又如何从理论上**积极地表达**[即肯定]这种[**自由的**]因果性,却没有认出它来,而只是通过道德律并为了道德律而设定了这样一种因果性的存在。同样,**别的理念**[灵魂不朽、上帝存在]也是如此,它们的可能性是没有任何人类知性在任何时候去探索的,但它们**并非真实的概念**,这一信念是任何诡辩在任何时候都不能从人们那里夺走的。

七、如何设想在实践意图下扩展纯粹理性而不同时扩展理性的思辨认识

首先[第1段],康德提出,为了避免太抽象,他提交这样一种情况作为回答:为了在实践上扩展一种纯粹知识,必须有一个意图,即一个作为(意志的)客体的目的,被先天地给予出来,这个客体必须独立于一切理论原理[而进入纯粹的实践理性原理],并通过一个直接规定意志的(**定言**)**命令**[即定言律令](kategorischen 或 Imperativ),而被表象为在实践上是必要的,这就是**至善**(höchste Gut)。而如果不预先设定**自由**、**不朽**和**上帝**三个概念(由于它们只是**纯粹理性概念**,即**理念**,不可能为它们找到相应的直观,故不能以理论的方式找到任何客观实在性),那么至善就是不可能的。所以,**通过要求一个世界中可能至善**的实存的那个**实践法则**,纯粹思辨理性的那些**客体**[自由、不朽和上帝]的可能性和客观实在性就被**设定**(postuliert)了。这样一来,纯粹理性的理论知识就获得了某种**增长**(Zuwachs),却不是理论

理性的任何思辨的扩展,也不能为那些客体提供任何直观,因此也不能使任何先天综合命题成为可能。所以,这种增长在思辨的[玄想的]意图上对我们没有丝毫帮助,但在纯粹理性的实践应用方面倒有助于扩展我们[关于**自由、不朽和上帝**]的知识,它们作为无可置疑的实践法则的必然要求而获得了客观实在性,以致使它们成了**内在的和构成性**的。[在康德看来,只是为了达到**至善**这个**纯粹实践理性的终极目的**,就必须预先设定自由、不朽和上帝。]

接着[第2段],康德指出,理性对于任何一个对象的应用,都需要**有纯粹知性概念**(范畴),否则就没有任何对象能够被思维。而这些概念(范畴)只能被应用于理性的理论用途,即只能应用于可能经验的客体。但现在,理性的这几个在任何经验中都根本不可能被给予的**理念**,在这里却是我们必须通过范畴来思维以便对它们加以认识的东西。只是这里所涉及的却不是对这些**理念的客体**[自由、不朽和上帝]的理论知识,而只是使这些理念成为**一般客体**(**überhaupt Objekte**)。这样,纯粹的实践理性就获得了它的实在性,而理论理性所做的只不过是通过范畴来单单思维那些客体而已,而这里完全可以不需要由直观来进行,因为范畴原本不依赖于而且先于一切直观而拥有自己的位置,它们永远只是意指一个一般客体,而不论它们以何种方式被给予我们。这样一来,诸范畴在应用于理念时虽然不能在直观中被给予出任何客体,但它们毕竟通过实践理性在至善概念中毫无疑问地呈现出一个客体,即通过为了至善的可能性所要求的那些概念的客观实在性,而得到了充分的保证:这样一个客体是现实的,因此这些范畴作为一种单纯的思维形式在这里不是空洞的,而是有意义的,却仍然不会由于此种增长而造成遵循理论原理的知识的丝毫扩展。[这样似乎就使实践理性的至善概念获得了实在性,又没有造成实践理性知识的扩展。]

八、出于纯粹理性某种需要的当真(Fürwahrhalten)

这里康德指出,纯粹理性在其思辨应用中的需要只导致**假设**(**Hypothesen**),而纯粹实践理性的需要则导致**公设**(**Postulaten**)。因为在前一种情况下,我是从**派生的东西**[即结果]出发,在根据的系列中向上直到如我所愿的高度,即**原始根据**[上帝],并且我之所以需要一个原始根据,并不是为了赋予那种派生的东西(例如这个世界中事物和变化的因果联系)客观实在性,而只是为了满足我的探索的理性。这样我就在自然面前看到了秩序与合目的性,不需要确信它们的现实性而着手去思辨,仅仅是为了解释它们才预设了一个上帝作为它们的[最高]原因。这样从一个结果向一个确定的原因即上帝的推论,虽然是靠不住的和拙劣的,但这种预设对我们人类而言却是最为合理的意见。相反,一个纯粹实践理性的需要则是建立在某种纯粹义务之上的,即有义务使至善成为我们意志的对象,以便我们尽一切力量去促进它,这样我就必须预设这种至善的可能性,甚至必须对这种可能性的**前提条件**(**Bedingung**)即上帝、自由和不朽加以预设,虽然我不能通过思辨的理性证明它们,但也不能反驳它们。而这种义务却建立在无可置疑的道德法则之上,不需要某个统管世界秩序的统治者的隐秘目的之理论提供任何支持。但道德法则的**主观效果**,即与它相适合并通过它而必然得到那个促进实践上可能的**至善**

意向,却至少预设了至善是可能的,而相反,如果拼命去追求一个实际上是空洞的而没有客体的[玄想的]概念的客体[如上帝],还要预设至善,就是不可能的了。这样前面所说的**公设**[即**灵魂不朽、自由与上帝存在**],就只是涉及至善之所以可能的自然的或形而上学的**前提条件**,总之是处于事物的[先天]本性中的前提条件,但不是为了一个任意的思辨意图[理论理性的意图],而是为了一个**纯粹理性意志**(reinen Vernunftwillens)的实践上必要的目的,这个意志在这里不是去选择,而是去听从毫不松懈的**理性命令**(Beschaffenheit),这个命令在事物的本性中有其客观的根据,只要这些事物必须由纯粹理性来进行普遍的评判,而这种命令根本不以偏好为根据,前面提到的公设就是一个绝对必要的意图中的需要,是有理由的。这样,如果承认纯粹的道德法则作为绝对命令,约束着每一个人,一个正直的人就可以说:我愿意有一个上帝,它使我在这个世界上的存在,在自然的联结之外还会有一个纯粹知性世界的存在。最后,我的存在是无限的[这就是灵魂不朽],我坚信这种信仰,这样我就不会注意那些玄想(Vernünftelei),不管我对它多么难以回答。[这就是康德所说的纯粹的实践理性对**灵魂不朽、自由与上帝存在**三个公设持**当真理由**的大致论点。]

九、人的认识能力对人的实践使命的明智适当配比

这里康德从思辨理性的弱点出发,对道德法则进行了乐观的展望。

首先[第1段],思辨理性的弱点。康德指出:如果**人的本性**是注定要**追求至善**的,那么他们的各种认识能力及其相互关系,也必定被

视为适合于这个目的。但现在,纯粹实践理性批判证明,思辨理性无力以适合这一目的的方式解决这个非常重要的任务,虽然这并不低估同一个理性的自然的和不可忽视的提示,同样也不低估它能够迈出巨大的步伐以接近这一伟大的目标,但即使它借助于大量的自然知识,也不能达到这一目标。于是自然界就像后母一样,仅仅在这里为我们准备了达到这一目标所需要的能力[即实践理性能力]。

接着[第2段],道德法则提供的展望。康德回顾说,只要我们[追求至善]的本性没有被改变,那么最先发言的就总是那些**偏好**,它们首先要求满足自己,并一经与合理的思考结合之后,就会在幸福的名义下要求得到最大可能的和持久的满足;接着**道德法则**才能说话,以便把那些偏好纳入自己的适当限制中,甚至把它们全部归属于一个更高的、对任何偏好都不加考虑的**目的**[即至善]。但道德意向现在不得不与偏好斗争,在几经失败后,心灵的道德力量毕竟会逐渐养成,这时上帝和永恒[不死]就会以它们令人生畏的威严取代这种斗争而持续不断地立在我们面前(因为我们完满证明的东西与我们亲眼看到的东西一样可靠)。这样,对法则的违反就会被避免,被命令的事就会得到遵守;但行动应当从中产生的那个道德意向不可能有任何命令灌输进来,否则对行动的刺激就会是在身边的并且是外在的,这样理性就不需要首先自行努力,以借助于法则尊严的生动表象积蓄力量去抵抗偏好,致使绝大多数合乎法则的行动因畏惧而产生,少数合乎法则的行动因希望而产生,而根本没有合乎法则的行动因义务而产生;这样一来,在最高智慧的眼里,唯一维系着**个人价值**乃至**世界价值**的行动的道德价值,就荡然无存了。而只要人类的本性还维持着现在的状态,那么人类的行动就会变成单纯的机械运动,就像在木偶戏中那样,在人物的形象里遇不到任何**生命**。然而现在的情况却是另外一种样子:一方面,我们竭尽我们理性的努力也只有一个模糊不清的前景,世界统治者只供我们猜测,而不让我们看见,更不让我们清楚证明它的存在和庄严;另一方面,我们心中的道德法则没有向我们预许什么或威胁什么,而只是要求我们无私的敬重,在此之外,在这种敬重活跃起来并占据主导地位之后,道德法则才允许我们以微弱的视线对超感性事物的王国加以展望:于是真正德性的、直接奉献于法则的意向是能够发生的,而理性的被造物是能够配得上分享至善的,这种至善是与他的人格的道德价值而不仅是与他的行动相称的。所以即使在这里,对自然和人的研究给我们的教导,也是相当正确的,那就是:我们[作为被造物]借以存在的那个神秘莫测的智慧是值得敬重的,虽说他拒绝给我们的东西并不比让我们得到的东西更少。[看来康德对人类的道德前景是充满希望的,历史已经证明:人类道德理想的进步将推动人的个人价值(人格的尊严)和世界(自然)的价值的实现,最终把人类社会带向大同世界。因此康德的**道德学说**至今仍有其积极意义。康德的至善理想与中国儒家的至善理想是完全一致的。]

第二部　纯粹实践理性方法论

［提示］这里讲的主要是关于道德教养与训练之方法论（见康德《实践理性批判》邓译本，第219页）。

［第1—2段］康德提出，所谓的纯粹实践理性批判的方法论，指的是：我们如何能够做到使纯粹实践理性的法则**进入人类心灵和影响心灵**准则的那种方式，也就是能够使客观的实践理性在主观上也成为实践的。现在很清楚，唯一能使各种准则成为真正道德的并赋予它们**道德价值**（**sittlichen Wert**）的是意志规定性根据，否则行动的合法性虽然可以产生，却不会导致意向的道德性（Moralität）。但不清楚的是，对**纯粹德行**（**reinen Tugend**）的描述，甚至在主观上都对人的心灵具有更大的威力。但情况就是如此，如果**人的本性**不是这样的，那么就没有哪一种法则的表象方式会通过转弯抹角和劝告的手段产生出意向的道德性来。于是我们就假定，自然的和上帝的法则依照我们的幻想联结到一架警察机器上，这架机器只针对人们所行之事，而不问人们为什么如此行事。

［第3—4段］根据以上所说，康德认为，我们不能否认，为了把一个未经过教育的或粗野的心灵带到道德–善的轨道上来，需要一些预备性的指导，或以个人的利益诱导他，或以损失来威吓他，当这些工作产生某种效果后，纯粹的道德动机就会导入他的心灵，成为他的道德品格的基础，使其感受到自己的尊严，看到自己注定具有理智本性的独立性和心灵的伟大。为此康德简要地勾画了纯正的道德意向的建立和培养的方式和方法。这种方式方法包括以下几个准则。

首先［第5—6段］，关于**精细考察与练习的准则**。康德认为，青年的教育者们首先应当对理性提出的实践问题进行精细的考察，搜索古今人物传记，以便为他们所宣示的义务提供现成的证据，促使他们的学生动用自己的判断以注意这些人物的行动的道德含义。而更重要的是让学生经常练习去认识和赞赏那些人物的完全纯粹性的**良好行为**，同时练习带着惋惜和轻蔑之情去注意一些人对行动的纯粹性的某些偏离。但是究竟什么是检验行动的纯粹德性的试金石？康德认为由哲学来决定这个问题的解决是可疑的。他认为首先应当用一个实例来指出纯粹德性的检验标准，例如把它交给一个十几岁的孩子去判断，看看他是否不经老师指点而由自己去判断。例如人们讲述了一个正直人的历史：有人想劝他参与诬告一个无辜又无权势的人，并许以好处，结果他拒绝了。于是这些人以损失相要挟，其中有他的密友、近亲、权贵和君主，但他仍旧维护他正直的决心。这样他的德性表现得愈纯粹，就必定对人心愈有力量。于是康德得出结论："倘若道德法则、神圣性和德行的形象要对我们的心灵处处施行某种影响的话，那么它们只有在作为纯粹而不混杂任何富乐意图的动力而被安置在心灵上时，才能施行这种影响，因为正是在苦难之中它们才显出自身的庄严崇高来。"

其次[第7—8段]，**不用情感灌输的准则**。康德认为，在他的那个时代，人们更希望以柔软的情感或狂妄的要求来调校心灵，而不是通过枯燥而严肃的义务表象来调校心灵。例如把所谓的高尚、慷慨和求功业的行动树立为孩子们的样本，以便通过灌输来收服他们，这完全是南辕北辙。因为孩子们在遵守最普通的义务或者正确判断这种义务方面还远远滞后，所以这样做就等于把他们造就为幻想家。而康德认为，一切情感，尤其是要引起异常努力的情感必须在高潮未退时才起作用，因为人心会自然而然地回复到自然温和的生命活动中去。因此，对于康德而言，道德原理必须建立在**道德概念**（即以自由概念为基础的善恶、福祸等概念)之上。

最后[第9—10段]，**义务行动应重于功业行动的准则。**康德举例说，某人因在沉船事故中冒生命危险救人而献出生命，这是一种义务行动，也是一种功业行动。但如果我们过分尊重功业行动，那就会削弱和侵犯义务概念。更重要的例子是为保卫祖国而慷慨捐躯。但是不需要命令就自动献身于保卫祖国是不是完满的义务，这是可疑的，因为这种行动本身不具有**榜样**（**Muster**）和促使人们效仿的充分力量。但如果这是不能免除的义务，在不考虑人类福祉的情况下，对它的违反就是对道德律的侵害和对道德律的神圣性的践踏。因此，我们应向遵守道德律的做法献上最高的敬重，并确信人类的本性有能力达到如此高度的升华。于是康德反对把夸耀功业的念头带到行动中去，因为那样一来行动的动机就会混杂进自爱的成分，从而得到了感性层面的辅助。但如果把一切行动都置于义务的神圣性后面，意识到我们的行动是理性的命令，并宣布我们应当这样做，在我们心中就逐渐对它产生最大的，但却是纯粹道德的关切。具体方法如下。

[第11—13段]，**具体方法。首先，**使按照道德法则进行判断成为自然的、我们自己的**自由行动**以及别人的**自由行动**，使之成为习惯，并且首先追问这个行动是否客观上合乎道德法则。**其次**，追问：这个行动是否在主观上也是为了道德法则的缘故而发生的，因而是否不仅具有行动的正确性，而且具有**道德价值**？毫无疑问，这种练习所培养起来的教化意识必将逐渐产生对理性法则和道德善行的关切。这样一来，学生的注意力就会保持在他的自由的意识上面，而这种自由意识是提防心灵受到低级的和使人败坏的冲动的唯一守望者。**最后**，通过榜样的实例来生动描述**道德意向**时，使人注意到意志

的纯洁性,使初学者借此把注意力保持在对**自己的自由**的意识上,在**内心中进行自我省查**(Selbstprüfung)。这就是康德所提出的道德教育和练习的一般准则和方法。

结 论

康德最后感慨地说:"有两样东西,人们越是经常持久地对之凝神思索,它们就越是使内心充满常新而日增的惊奇和敬畏:我头上的星空和我心中的道德律。对这两者,我不可当作隐蔽在黑暗中或是夸大其词的东西,到我的视野之外去寻求和猜测;我看到它们就在我眼前,并把它们与我的存在意识直接联结起来。"他接着说:"前者从我在外部感官世界中所占据的位置开始,并把我身处其中的联结扩展到世界之上的世界、星系组成的星系这样的恢宏无涯,此外还扩展到它们的循环运动及其开始和延续的无穷时间。后者从我的不可见的**自我**(Selbst)、我的人格开始,并把我呈现在这样一个世界中,这个世界具有真实的无限性,但只有对于知性才可以察觉到,而且我认识到我与这个世界[理智世界](但同时也就与所有那些可见世界,即感官世界)不像是在前者那里只是处于偶然的联结中,而是处于普遍必然的联结中。不过前者那个无数世界堆积的景象,仿佛取消了我作为一个动物性的被造物的重要性,这种被造物在他被赋予了短时间的生命力之后,又不得不把他曾由以形成的那种物质还给了这个(只是宇宙中一个点的)星球。相反,后一种景象则把我作为一个理智者的价值通过我的人格无限地提升了,在这种人格中道德律向我展示了一种不依赖于动物性,甚至不依赖于整个感官世界的生活,这些至少都是可以从我凭借这个道德法则而存在的和目的性使命中得到核准的,这种使命不受此生的条件和界限的局限而进向无限。"……[康德的这番教诲至今在从小培养孩子们的高尚道德意识方面仍具有现实意义。]

附录一：康德《道德形而上学基础》解读

为了出版一部关于道德形而上学著作——《实践理性批判》（1788 年出版），康德于 1785 年首先出版了《道德形而上学基础》一书，作为《实践理性批判》的预备和前导。《道德形而上学基础》与《实践理性批判》一起，构成了康德伦理学的核心文本，值得仔细阅读和研究。这里我们主要依据孙少伟译本（《道德形而上学基础》，江西教育出版社 2014 年版，简称孙译本），并参考了苗力田译本（《道德形而上学原理》，上海人民出版社 2012 年版，简称苗译本），对《道德形而上学基础》一书进行梳理和解读，并在某些关键和疑难的地方按原文进行了校订，而段落的划分则主要按照孙译本，不一定与原文段落一致。

前言

[提示]这个**前言**主要讲的是哲学分类和构建纯粹道德哲学基础的问题。

[**第 1—2 段**]，康德指出，古希腊哲学曾被分为三门学科：物理学（研究自然法则）、伦理学（研究自由法则）和逻辑学（研究理性知识的纯粹形式）。而在康德看来，全部理性知识或者是关于质料的，或

者是关于形式的,前者与对象(即经验对象)相关,后者是关于形式的,与知识的形式和理性自身相关。关于**形式的知识**,即**形式的哲学**,称**逻辑学**,而关于**质料的知识**,即**质料的哲学**,研究特定的对象及其所遵守的法则,这种法则包括**自然法则**与**自由法则**两种:关于自然法则的科学称**物理学**,即自然论;关于自由法则的科学称**伦理学**,即道德论。

[**第 3—5 段**],逻辑学不能有经验部分,否则就不能成为知性或理性的准则,不能对一切思维有效和提供证明。而**自然哲学**和**道德哲学**却包含各自的经验部分。因为**自然哲学**要为经验对象规定法则,**道德哲学**则要人类意志规定法则。全部以经验为根据的哲学称为**经验哲学**(即经验论哲学),完全以先天原则为根据的哲学称为**纯粹哲学**(即先验哲学)。当纯粹哲学仅涉及形式时就是逻辑学,而当纯粹哲学被限定于知性的**特定对象**(**自然界或道德领域**)上时就是**形而上学**。形而上学分为**自然形而上学**与**道德形而上学**。其中就作为道德形而上学的**伦理学**来说,其中的经验部分成为**实践人类学**(实用人类学),而理论部分最好称为**道德学**(即纯粹的道德哲学)。

[**第 7—8 段**],康德要做的是建构一个"纯粹的**道德哲学**(**Moral-philosophie**)"。康德认为,从普通的**义务观念**(**Idee der Pflicht**)和**道德法则**(**sittliche Gesetz**)来看,必定要有这样一门哲学。因为每个人都必须承认:如果一个法则要适用于道德,即成为**义务**的一个根据,那它必定具有"绝对的必然性",例如"你不该说谎"的戒条就是这样。还有,每个人也都必须承认:**责任**[或**义务**]的根据(**Grund der Verbindlichkeit**)必定不能在人类本性或他所处的环境中去寻找,只能在**先天的纯粹理性概念**中去寻找,而以经验原则为基础的**规范**只

能被称为**实践规则**,却不能称为**道德法则**(moralische Gesetz)。因此,道德法则及其原则的全部实践知识,即道德哲学,都完全以其纯粹的部分为基础,当它被应用于人的时候,是把人当作一个理性的存在者,并赋予他**先天的法则**(Gesetz apriori)。

[**第9段**],康德还认为,[作为纯粹的道德哲学的]**道德形而上学**之所以不可少,不仅是出于思辨的动机去研究我们理性中的先天实践原则的根源,而且还因为一旦缺少正确评判所需的**指导**和**最高标准**,道德自身就会遭到各种各样的败坏。因为要做善事,仅仅**符合道德法则**(sittliche Gesetz)还不够,还必须**出于**道德法则的考虑,即以道德法则为依据,而只是符合法则还不够,不然,那种符合就仅仅是偶然的、不可靠的。康德认为:除了在纯粹哲学领域,在任何别的地方都找不到那种纯粹而真正的道德法则,因此形而上学必须是个出发点,没有形而上学,就不会有任何道德哲学可言。

[**第12段**],康德说:我打算在以后出版一部关于道德形而上学的著作[即后来的《实践理性批判》],而作为准备,就把《道德形而上学基础》先发表出来。他认为,道德形而上学这个题目虽然有点吓人,但对于大众化和普通知性的接受来说还是适宜的。康德采取的方法是:首先分析地从普通知识进到它的最高原则的规定,然后综合地从对这种原则及其来源的考察回到原则所适用的普通知识那里去。[这就是从**分析**到**综合**再从**综合**到**分析**的方法,也就是从具体到抽象再从抽象到具体的过程。]因此,《道德形而上学基础》可分为以下几章。

第一章:从普通的道德理性知识过渡到哲学的道德理性知识。

第二章:从大众道德哲学过渡到道德形而上学。

第三章:从道德形而上学过渡到对纯粹实践理性的批判性考察。

[这是一种**马克思**曾说过的从经验到先验再从先验回到经验的层层递进的**研究方法和叙述方法**相结合的方法。下面是各章节的具体内容。]

第一章　从普通的道德理性知识过渡到哲学的道德理性知识

[提示]这一章讲的是**普通的**(gemein)**道德理性知识**,即普通的**道德哲学**,大致思路是:**善良意志—义务—义务的种类—义务的原则—普通理性**。这里从分析普通的道德哲学开始。

[第1—3段],关于**善良意志**,[善良意志作为普通理性的**道德概念**,是康德伦理学的**基础概念**,它首次在这里被专门论述。]康德说:在世上,除了**善良意志**(guter Wille,其中 Wille 指意志、意愿、决心等),没有什么被设想为可称作"**无条件的善**"的东西了。如理解力、机智、判断力,或胆识、果断、坚韧,无疑在许多方面都是善的和令人向往的;但如果**使用**这些天赋才能和特有的心理性状上被称为品质的**意志**,[而其自身]不是善的,那么这些天赋才能和品质就可能变得极其恶劣和有害。对于命运的恩赐,也是如此。如权力、财富、荣誉、健康,以及通常的福利和舒适满足,这些通常被称为幸福的东西,如果没有一个善良意志去匡正它们对心灵及其**行动**诸原则的影响,以使其与善良意志相吻合,那么它们就会引发自负甚至骄横。因此甚至可以说,**善良意志**是构成自身幸福的**值得尊重**(Würdigkeit)的、必不可少的条件。

当然,一些特质似乎有助于善良意志,甚至可以促使其发挥作用,但尽管如此,**这些特质**[自身]并不具有内在的、**无条件的价值**。相反,它们要以善良意志为前提,这种善良意志会限制我们对这些特质所持有的合理尊崇,不允许把它们认作**绝对善的**(schlechthen gut)。因为这些特质如果不以善良意志为原则,也可能变成极端的恶,例如一个恶徒的沉着冷静比起没有这种特质更危险、更可憎。

善良意志之所以为善,并不因为它所促成和实现的东西,以及它易于达到预期目的,而仅仅是因为意愿而善,即它是善的自身。而且就善自身来说,它自身就是尊贵无比的,而任何一种为了偏好(Nei-gung,爱好)而生的东西,甚至这些偏好自身都不能与它相比。即使由于种种原因,它为实现目的已竭尽所能,仍一无所成,只剩下了善良意志,它仍如宝石放射出光芒,就像某个东西自身就具有全部价值一样。不管它自身是否有用或是否有成果,都既不能使它的价值增加分毫,也不能使它的价值减损分毫。善良意志的有用性只是它的一个镶嵌物,只是为了人们在交往中更方便地运用它,获取和吸引外行人的注意,而不是为了向内行人推荐它或借此决定它的价值。[这里康德所讲的善良意志是一种特殊的意志,即道德意志,而不是一般的意志,因为人人都有推动自己行动的意志,就连恶棍也有自己的意志,只不过那是犯罪的意志而已。]

[第4—5段],善良意志与自然的意图。康德指出,有人怀疑独立意志(即善良意志)的绝对价值的观念,认为这种价值不过是不切实际的空想,认为我们误解了自然的意图(Absicht)。

康德解释说,在一个有机存在者(包括人)的自然结构中,我们设定这样一个基本原则:在他那里没有一个器官不是最能适应其意图的。因此在一个既有理性又有意志的存在者(人)中,如果他的幸福真是自然的目的,那么自然选择这个被造物的理性作为实现其意图的执行者,这种安排就太拙劣了。因为被造物为达到其目的所必须执行的一切行动(Handlung,行动、行为、动作)及其规则,若由本能来支配,比由理性来支配会更恰切,更有把握达到目的。在这种情况下,自然又把理性赋予这个被造物（人），那么理性所能做的就只能是对自然所赋予的幸福构造给予悉心关注，即去赞誉它、尽情享有它，去对自然的恩赐感恩戴德而已。但理性之被赋予**存在者**（即被造物），不是为了让存在者把欲望能力置于理性的指导下，去干预自然的意图。总之，自然定会仔细谨慎，不会让理性闯入实践应用的领域，也不会让它有这样的设想：以其浅识就能为自然想象出为被造物实现幸福的方案和手段，自然定会把**目的**和**手段**两者完全托付给本能。

[**第6—7段**]，**理性的功能**。康德发现，一个有教养的理性越是谋求理性自身对生活和幸福的享受，他就越是得不到真正的满足。这个事实令许多人产生对理论和理性的厌恶，因为在计算了他们所得到的全部来自科学的利益之后，他们就会发现，这种烦恼要甚于他们在幸福上的收益，因此他们就会嫉妒人们的通常行径：仅仅顺从自然本能的指使，而不让理性对其**行为**有过多的影响。于是人们就必须承认，一些人抑制甚至否认理性在生活幸福和满足方面所带来的益处，并不是对主宰世界的**善德**（善良德性）的抱怨或忘恩负义。确切地说，这些人对理性的抱怨是以关于他们生存的这种**理念**（**Idee**）为基础的，这里隐含着这样的思想：**这里理性完全是被用于一种更有价值的意图，而不是被用于幸福，因此这种意图作为最高条件，必定是远远超越于私人意图之上的。**（参见《道德形而上学原理》苗译本，第8页。）

然而，理性在有关**意志对象**（目的）和为我们全部需要的满足上，并不足以可靠地去指导意志，相反，天生的本能在这方面倒有更大的确定性。但理性毕竟是被作为一种实践能力，即作为能影响意志的能力赋予我们的。理性的正当功能必定是产生**自身就是善**的意志

（即善良意志），而不是产生仅仅作为**手段**的善。因此康德认为，就产生自身就是善的意志来说，理性是绝对必要的，虽然这个意志不是唯一而完善的善，但必是最高的善，是一切其他东西的**条件**，甚至是欲求幸福的**条件**。这样为那最高条件的意图而需要培养的理性，至少在此生中限制着（甚至使其减少到无）那有条件的后一个意图，即获得幸福。这样人们就会认为，自然并非没有适宜地达到它的意图，因为作为以建立善良意志为最高实践使命的理性，在实现自然的意图（即获得幸福）时，它（理性）所得到的只能是它自己独有的满足，即由理性所决定的意图（而非由本能决定的意图）而得到的满足（即理性的自我满足），即使这种满足会使个人偏好的目的大为受损。

[第8—15段]，关于义务（Pflicht，义务、责任）。[在康德看来，"责任"（Verbindlichkeit）是一种职责约束，其含义比"义务"（Pflicht）的含义更宽泛与笼统些。因此这里按《实践理性批判》邓晓芒译本中的译法，均译为"义务"。"义务"是康德伦理学的**中心概念**，仅在《道德形而上学基础》这本小册子中就出现了**一百多次**，可见其重要性。]康德指出，依据上述内容，我们就形成了一种关于意志的观念（即善良意志），它被尊称为"自身之善"，这一概念为自然健全的知性所固有，它不需要教导，只需要解释清楚。这一概念在我们**行动**的文本价值的评估中，总是居于首位，而且是其他所有东西的条件。为此，康德把**义务概念**（Begriff der Pflicht）提出来考察，**因为义务概念包含了善良意志的概念**，尽管义务概念也包含某些主观的限制和障碍，但这些限制和障碍并没有把它遮蔽起来使其不可认识。相反，通过对比会使它显露出来，变得更为清楚。

这里康德不谈与义务相抵触的行动，因为这种行动不会引发是否出于义务的问题。他也不谈那些与义务一致的行动，因为这些行动很容易分辨一个与义务一致的行动是出于义务,还是出于私人意图。但是当行动与义务一致,而行动主体对其有一种直接偏好时,要分辨出两者的区别就困难了。于是他提出了自己的出自义务的"**人道**"观[康德把伟大、无私和富于同情心的意向称为"人道"(**Menschlichkeit**)(见《实践理性批判》邓译本,第 210 页注 1)],并为此举出**四种义务的实例**,具体如下。

1. 诚信(**Ehrlichkeit**)。例如一个商家不应向无经验的顾客索要高价,这是合乎义务的行动。因为在生意场上,明智的商家都会童叟无欺,使顾客得到诚信的服务。但这不足以证明一个商家的这种行动是出于义务和**诚信的原则**,还是出于自己的利益要求。除此之外,我们也可以设想,这个商家对买者出于爱心而有一种直接的**偏好**,因此这个行动既不是出于义务也不是出于偏好,而仅仅是为了私有的意图。

2. **生命**(**Leben**)。保存自己的生命,**是一项义务**,而且每个人都有一种直接的偏好去这么做。然而多数人对保存生命所怀有的焦虑,却是没有内在价值的,而且他们的**准则**也没有道德意义。因为他们要保存生命虽然合乎义务,却不是出于义务。但是,如果一个人因处于逆境与无望的忧伤而被夺去了生命的乐趣,如果他意志坚强,对他的命运感到愤慨,也不心灰意冷、垂头丧气,他宁愿一死也不惜命,而他却仍然保持着他的生命,他之所以这样做,既非出于偏好,亦非出于恐惧,而是出于义务,那么他的准则就具有了道德意义(即善良意志的意义)。

3. **友善**(**Wohltätig**)。尽可能对人友善[即仁爱、爱人类、实践的爱]是**一项义务**。有许多人天生就具有同情心,而毫无虚荣和自私的动机,对在周围撒播快乐而感到满足,对能够让别人满意而感到快乐。但康德认为,这种行动无论怎样合乎义务,都不具有真正的道德价值,因为它与其他偏好出于同一个层次。因为在康德看来,一个人**爱人类**(**Menschenfreund**),只有不受偏好诱惑而摆脱麻木不仁,只出于义务而不是出于任何偏好去行动,这种行动才首次具有了**纯真的道德价值**,甚至是**最高的价值**。

4.**幸福**(**Glückseligkeit**)。**保障每个人特有的幸福是一项义务。**这至少是一项间接义务,因为如果一个人对自己的处境不满,可能诱使他背弃义务。但所有人都对幸福有着最强烈最深切的偏好,因为所有的偏好都汇集在**幸福**[包括权力、财富、荣誉、健康,以及通常的福利和舒适满足等,这些通常被称为幸福的东西(见《道德形而上学基础》孙译本,第6页)]的观念中了。于是就存在一条法则:人们理应增进幸福并非出于偏好,而是出于义务。因此,从这条法则出发,**他的行为才有真正的道德价值**。[这里不能把康德的幸福论理解为自私自利或唯利是图,实际上他强调的是保障每一个人的幸福,这是康德伦理学的一个亮点和贡献,与马克思的共产主义理想相符。例如马克思说:每一个人的自由发展是一切人自由发展的前提。据此我们可以推论出:每一个人的幸福是一切人幸福的前提。因此,应当对康德的幸福论给予一定程度的肯定。]

据上所述,康德认为应当听从《圣经》的告诫:要爱我们的邻居,甚至我们的敌人。他说:出自义务的善行,即使没有偏好去驱使它,却也是**实践的爱**,而非病态的爱,这种爱存在于意志中,而不是存在于情感的嗜好中,存在于**行动的原则**中,而不是存在于慈悲的同情心中,只有这种爱才能被告诫。于是他提出以下出自义务的**三原则**。

一是:一个行动要具有道德价值,就必须出自义务。

二是:一个出自义务的行动,其道德价值并不来自通过此行动而要实现的意图,而是来自行动被规定的准则。因此,道德价值并不依赖于行动对象的实现,而仅仅依赖于行动所遵循的意欲的原则,而与欲望能力的对象无关。因此,行动的意图和后果都不能给行动带来任何无条件的道德价值。

三是:作为以上两命题的结论可表述为:"**义务就是出于对法则的敬重而行动的必然性。**"[这是康德给义务下的**第一个定义**。这里已重译。]因此,我们可以对行动的后果有所**偏好**,但不能尊重它。同样,我们也不能尊重任何偏好,而只有法则自身才能成为我们尊重的对象。[这就是康德的为尽义务而尽义务的**形式主义义务观**。]

[**第16—17段**],关于**道德价值**。康德认为,根据前面所述,行动的**道德价值**(**moralische Wert**)既不在于行动所期望的效果,也不在于从行动效果中寻得动机的那种行动的任何原则。因为**道德价值,即最高的、无条件的善**,只能在理性存在者的法则自身的**概念**中出现,因此规范意志的根据只能是这个概念,而不是预期的效果。因此,这种**最高的善**(**vorzüglisch Gut**),即道德价值,只能出现在依据这一概念而行动的人格自身中,而不必在其行动的结果中去寻找。

那么,究竟是哪种法则,它的概念必定决定意志,而不需要考虑预期的结果,并且在这种情况下意志才能被称为**绝对而无条件的善**(即具有道德价值)呢?既然我们已经从意志所服从的法则中剔除了意志的所有冲动,那除了行动要与法则相符外,就没有任何能充当**意志原则**(**Willen zum Prinzip**)的东西存留下来。这就是说,我除非能够把自己的[**行动**]准则当成普遍有效的法则,否则就不该以别的方式去行动。这样,如果义务不想成为一个虚幻的概念,对法则自身的符合就要成为**意志原则**。而人们的通常理性在其实践判断中完全与此一致,并且通常都会把这个原则牢记于心。

[**第 18—20 段**],**义务与诚信**。康德举例说,如果我身处困境,我是否可以许下**虚假诺言**?那我很容易分辨出这里有两层意思,一是它是否明智,二是它是否符合我的义务。毫无疑问,对前一层意思来说,以权宜之计来摆脱眼前的困境[的理由]并不充分,但我必须考虑也许有更大的困难会涌现出来,即使我用尽一切狡计还是难以预见。因此丧失信用可能给我带来不利,会带来更大的不幸,而且按**普遍规则**行动并养成习惯不去许下无意兑现的承诺,是否更明智还很难说。但就后一层意思来说,我很快就会看清,我的行动规则只是出于对后果的忧虑,因此是与义务不相符的。

这样看来,**出自义务的诚信**与**出自对不利后果的恐惧的诚信**完全不是一回事。因为在前一种情形中,[道德]行动的概念自身已包含着我需要的法则,而在后一种情形中,我必须首先寻找我所需要的什么结果与我的行动相联系。所以偏离义务的原则肯定是恶,虽然违背我的**明智准则**可能时常对我有利,但遵守自己的[行动]准则会更加安全。因此,要弄清虚假诺言是否与义务一致的问题,最好问一问自己:我的[行动]准则能成为普遍有效的法则吗?我能说,为摆脱困境人人都可以许下虚假的诺言吗?于是我立刻就会明白:我可能愿意撒谎,但决不愿意让撒谎成为**普遍的法则**。因为许下虚假的承诺必然会使别人不信任我,因此我的[行动]准则一旦成为**普遍法则**,它必会毁灭自己。这样,对康德而言,诚信和不撒谎就应当是一种义务了。

因此,不需要任何精明睿智,我就能弄清我必须怎样做才能使我的**意欲**（**Wollen,或意愿**）成为道德上的善（即善良意志）。如果由于对世事毫无经验而对突发事件不能做好准备，那就可以自问：我想让我的［行动］准则成为普遍法则吗？如果不能，就必须抛弃。抛弃它不是因为对谁不利，而是因为它不能作为一个原则参与普遍的立法。这样一种立法，理性会迫使我们给予它直接的尊重。康德还认为，这种尊重是对一种价值的尊重，这种价值比偏好所推举的东西的所有价值都高得多。而且由对**实践法则**的尊重而来的行动的必要性构成了义务。因此要求其他动机都必须给义务让位，因为**义务是善良意志的条件**，其价值超过其他一切东西。

　　［第21—22段］，关于**普通人的理性**。康德说，据以上所述，我们就在**普通人的理性**（**gemeinen Menschenvernunft**）［即普通理性］所具有的道德知识中发现了这种知识的原则（道德原则）。普通人的理性一直把它牢记在心中，当作道德判断的标准。这就有了指针，使普通人的理性能够分辨什么是善，什么是恶，哪些符合义务，哪些不符合义务，既不需要科学，也不需要哲学，就懂得怎样做才是诚信的和善的，甚而是有智慧、有德行的。这样我们就能推想：每个人必须做的和必须知道的道德知识，是每个人都力所能及的。这里我们在把实践判断能力与理论判断能力相比时，就禁不住对实践判断能力在普通人的知性中所具有的优越性表示羡慕。因为在理论判断能力中一旦超出经验和感性的范围，就会陷入自相矛盾（即二律背反）中，而在实践判断能力中，当普通人的知性把所有感性动机都排除在实践法则之外，判断力才开始展现出自己的优越性。于是实践的判断力就变得精妙起来，因为它会对自己的**良心**或应称为**正当**的东西之外的一些其他要求支吾搪塞，而去正确判断某些行动的价值。**普通知性**

（gemeine Verstand）的实践关切,很可能与一个哲学家一样达到目的,但却比哲学家更有把握做到这一点,因为哲学家所拥有的原则,普通知性也同样拥有,但哲学家的判断却很容易被大量不相干的考虑所搅乱,以致背离正确的方向。因此,在道德事件中,默许普通知性或引进哲学,不过是为了使道德体系更加完善和易懂,并在使用上使它的规则更加便利,而不是在使用上操纵**普通人的知性**（gemeinen Menschenverstand）使之偏离其可喜的质朴,并通过哲学引导它走向一条新的追问与指示之路,这难道不是更明智的吗?

但康德认为,天真无邪的质朴确是一件荣耀的事,但非常可悲的是,在另一面,它却不能很好地保持自身,很容易被引入歧途。因此,即使智慧单单为了行动而不需要科学,也不是为了从科学那里获得知识,而是为了使智慧的原则得到认可和持久。但是人们通常会感到在自身之内有一种强大的抵制力量,来与由理性向他提出的值得尊重的义务命令相抗衡,这就是**需要**和**偏好**,他把它们的全部满足都总括在幸福的名下。现在理性却颁布无私的**道德命令**,而不许诺任何偏好的东西。它对偏好的声明毫不顾及并予以轻蔑,而偏好的声明又那么冲动和有理,并且不允许自己被任何命令所废止。于是就产生了一种自然的辩证法（即二律背反）,即产生了一种**癖好**,它对**义务法则**（Gesetz der Pflicht）的严厉性和有效性产生争论和质疑,甚至要使义务的法则更适应人们的愿望和偏好。而这就等于从义务法则的根基上去腐蚀它们,破坏它们的尊严,而这种事情最终就连普通的实践理性也不会称其为善的。

［第 23 段］,**结论**。康德认为,这样一来,**普通人的理性**就被迫走出它的范围,而进入实践哲学的领域。但普通人的理性这样做,并不

是出于任何思辨的需要，而是基于**实践的根据**，即为了获得实践原则的来源方面的信息和指令，以便正确规定普通理性的原则。因此，当普通的实践理性培育自身时，一个辩证法不知不觉地产生了，这迫使**普通理性**（gemeinen Vernunft）去寻求哲学的帮助，就像在理论理性的应用中发生的情况那样。因此结论是：在实践理性方面正像在理论理性方面一样，只有对理性进行一番彻底的评判考察，它才会停息。［这样康德就转向了第二章。］

第二章 从大众道德哲学过渡到道德形而上学

［提示］这里讲的主要是道德形而上学，即道德法则的思辨，其大致思路是：**义务—道德—意志—命令—绝对的定言律令—派生的律令—目的王国—意志的他律—意志的自律**。这里康德推出了道德的最高原则，即定言律令（绝对律令），并继续用分析的方法论证道德的最高原则，从而进到道德形而上学。

［第 1—4 段］，**义务概念**或道德法则不可能来自经验。康德指出：我们的**义务概念**（Begriff der Pflicht）虽然从前是从**实践理性**的通常应用中引申出来的，但这并不能推断出我们把这一概念当作一个经验概念看待了。相反，我们不能在人们行动方式的经验中找出任何一个有意出自**纯粹义务**（reiner Pflicht）而行动的例子。康德接着指出，虽然有许多行动与**义务的命令**相符合，但不因此就具有**道德价值**（moralischen Wert）。他认为，总有一些哲学家［**如爱尔维修**］完全否认这种出自义务的意向在人类行动中的真实性，而把一切都归结为**自爱**（Selbstliebe），他们并不怀疑道德概念的正确性，但感叹人性的脆弱与败坏，因此常被用来为自私的偏好服务。

因此,康德认为,仅仅通过经验不可能正确辨别一个行动,不管它如何符合义务,就认为其规则都以道德根据和义务观念为基础。他认为:有时在彻底的**自省**(Selbstpüfung)中,除了道德根据外,我们可能找不到什么东西有力量把我们推向这样或那样的善的行动,并使我们做出牺牲。但我们不能就此得出结论:一个隐藏的自爱冲动,可能虚假地呈现为**义务观念**,实际上不是决定我们意图的真正原因。因为我们喜欢用一个虚假而高尚的动机来奉承自己,而事实上,即使通过最严格的省察,也不能使我们弄清这些隐秘的诱因,因为道德价值成问题的时候,就不是一个关于人们看得见的行为的问题,而是一个看不见的行为的内在原则问题。

但有人把所有道德都嘲笑为因自负而由想象力所虚构出来的幻象,又有人为了迎合他们而承认义务概念只不过是出于经验。这样一来,后一种人就宣称:出于**对人类的爱**,大多数的行动都是合乎义务的,于是无论到哪里都会碰到一个"**可爱的自我**"(liebe Selbst)[即**自爱着的自我**],正是这个自我而不是义务的严格命令支撑着我们的计划。于是一些人就对**真正的德行**表示怀疑。这就难保我们不会放弃义务观念,同时又在心中确保对义务法则的有根据的尊重,除非我们依据理性自身的命令决定哪些该做。从而我们还关切那些也许世上没有先例的和视经验为一切基础的人极度怀疑的行为,以及那些被理性无情命令去做的行动。例如对友谊的纯粹诚信就可能会被所有人所要求,因为这种诚信作为普遍的义务,它先于一切经验,存在于通过先天根据决定意志的理性观念中。

于是康德的结论就是:没有任何经验能给出理由,来推断如此绝对的法则的可能性。他还补充说:第一,除非我们否认道德概念的合理性,并放弃它的任何应用,否则就不得不承认道德概念的法则有如此广泛的意义;第二,我们必须承认这个法则是绝对必然有效的。为此康德质疑道:如果我们认定决定**意志的法则**仅仅是经验性的,并非完全先天地来自纯粹的实践理性,那么意志的法则如何能被视为普遍地决定理性存在者的意志的法则,而且当我们就是理性存在者,也是决定我们自己意志的法则呢?[这样康德就通过形式逻辑的排中律——非经验的东西必是先验的东西——证明了它的先验论的道德法则。]

[**第5—11段**],关于**道德形而上学**(**Metaphysik der Sitten**)。康德认为,不能从例证中引出道德,因为道德的例证自身就要预先根据道德原则来加以鉴别,看它是否可以充当范例。也就是说,充当一个范例,一定不能成为权威式的道德概念,即使圣子也不行,除了唯一的上帝。但我们从哪里得到作为至善的上帝概念呢?康德认为,只能来自理性先天制定的完满的理念,这个完满性理念是理性先天地制定的,并与**自由意志**的概念不可分割地联系在一起。因此模仿没有地位,例证只能用于鼓励,不能成为存在于理性中的真正原型。[对康德而言,这个真正的原型只能是纯粹而完满的道德理念。](第5段)

因此,如果没有以纯粹理性为基础的**最高道德原则**,那就没有必要问:把那些先天地建立起来的概念,连同属于它们的原则都是先天地被建立的概念,要普遍地抽象地去展现出来是否妥当。不过在我们的时代,这个问题也许是必要的,因为问人们是喜欢独立于所有经验的纯粹理性知识,即道德形而上学,还是更喜欢大众实践哲学,那么收集选票,优势可能在哪一边,就仁者见仁、智者见智了。[这样,道德形而上学的必要性的选择就取决于多数人的意见了。这其实是可笑的,例如后来的逻辑实证主义者们就提出了"拒斥形而上学"的口号。](第6段)

康德认为,一旦作为纯粹理性原则的**道德形而上学**上升并被满意地完成了,那么再下降到大众的观念中去,就值得赞誉了。这意味着:我们先把道德原则建基于形而上学之上,然后再通过大众化使之普及。但刚进行初步研究,就要实现大众化,是荒谬的。因为若一个人因此而放弃了原来的基本洞察力,就会造成混乱,甚至对理性原则胡编乱造起来,使一些聪慧之士也会感到失望而不再理睬这种大众化。(第 7 段)

康德指出,现在看一看那类谈论大众化的文章,都是些不可思议的混合体。这些作者从来不问道德原则能否在人性的经验知识中找到,而如果这些原则是先天的、独立于经验的,只能在纯粹的理性概念中找到,那么他们也不会问:是否应该把道德原则作为一种独立的学问,即作为纯粹的**实践哲学**或**道德形而上学**来研究。他们从未想过要单独处理这门学问,以使其自身得到完善,并要求那些渴望大众化的人,等待这项工作的完成。(第 8 段)[**这样康德就从普通的道德哲学理直气壮地转向了道德形而上学。**]

但这种道德形而上学不应该与人类学、神学、物理学等混杂,因为纯粹的义务观念和道德法则的观念对人心的影响更强劲,理性第一次意识到**自己本身**也是实践的,即**实践理性**。而把出于情感和偏好诱因的道德和出自理性概念的道德混在一起的道德理论,只能偶尔导致善,却常常导致恶。(第 9 段)

总之,很清楚的是:所有的**道德概念**都在理性(包括普通理性和思辨理性)中先天地拥有它们的**位置**和**根源**;所以道德概念不能从经验知识中抽取出来;这样它们作为最高的实践原则,在来源上就具有了**纯粹性**和**尊严**;而在多大程度上给道德概念掺入经验内容,行动就会在多大程度上失去它们的**影响力**和**价值**；从纯粹理性中引出道德概念和道德法则，不仅是单纯**思辨**的需要，而且在**实践**上也极端重要。这样，所有的道德在应用于人类时，虽然需要人类学，但我们首先把这些道德发展成纯粹哲学，即形而上学。因为如果没有一门形而上学，不仅在道德因素的思辨判断中是无效的，而且单在道德的通常的实践应用中，尤其是在道德教育中，就不能把道德基于真实的原则上。因此，为了**世上最高的善**，也只有通过这种形而上学的方式才能产生纯粹的**道德意向**（即道德意识），并把它灌输到人心中去。（第10 段）[这就是康德迷恋于纯粹的道德意识的理由，但结果却把道德概念弄得神秘莫测了。]

因此，结论是，在这一研究中我们不仅要从普通的道德判断进展到哲学判断，而且要从大众哲学进展到形而上学。为此，我们就要按照自然的程序探讨**实践的理性能力**（**praktische Vernunftvermögen**），从理性普遍的**规定性规则**（**Bestimmungsregeln**），直到义务概念的起源，论述清楚。（第 11 段）

[第 12—13 段]，关于**意志**（**wille**，意愿、决心）。康德指出："在自然界中一切事物都依法则而起作用。只有一个理性存在者才具有一种按照法则的**概念**（**Vorstellung**，表象、观念、概念）即按照**原则**去行动的能力，或者**这个能力就是一个意志**。"（此处已按原文重译。）正因为理性是按照法则而行动所必要的，所以**意志不是别的，而正是实践理性**。如果理性对意志的规定一贯正确，那么理性存在者的行动，就既在客观上被视为必然的，也在主观上被视为必然的。这样**意志**就是这样一种能力：它只选择那种在不受偏好影响的情况下，理性认为必然的东西，即善的东西。但如果理性自身没有充分地规定意志，而

是因受主观诱因的影响,并不完全与理性一致,那么被视为客观上必然的行动,就只是主观上的偶然,而依照客观法则对一个意志加以规定,就只是一种强制(Nötigung)。这就是说,客观法则与一个并非完全是善良意志的关系,就像一个理性的存在者的意志虽被理性原则所规定,但意志依其本性,并不必然顺从这些原则。[这样就需要强制执行了。](第12段)

　　一个客观原则的**表象**,就其对意志**进行强制**来说,就被称为**命令**(**Gebot**)(即理性的命令),这个**命令的形式**就被称为**律令**(**Imperativ**,或命令)[主要是"道德律令"(**Imperativ der Sittlichkeit**)]。(第13段)

　　[**第14—15段**],律令与应该。所有律令都用"应该"(**Sllen**)[这个"应该"是指:摆脱主观因素的干扰而按客观法则去做]这个词来表示,它表明一个客观的理性法则与这样一个意志的关系,在这个意志的主观结构中,并不必然被这个法则所规定。因此这是一种**强制性的关系**。例如律令说,去做或不做某事是善的。但它是给这样的意志听的,这个意志不会因看起来是做了一件善事就总会去做。[这就是说它不在乎外在的评价。]因为实践的善是通过理性观念来规定意志的,所以它不是出于主观的因素,而是出于客观的因素,即出于对所有理性存在者都有效的根据。所以实践的善与愉快不同,因为愉快来自主观的感觉,并不是对所有人都有效。(第14段)

　　因此,一个完全的善良意志都会服从善的客观法则,但不能认为它是被迫按法则行动的,**因为就其自身的主观结构来说,只能按善的概念所规定的方式来行动**。因此,没有什么律令**适合于**[即等于]神圣意志或至善意志,在这里没有那个"**应该**"的用武之地。因为意志自身的意欲就必然与法则一致。因此律令只是一些**公式**(**Formel**),它们表达的是意欲的客观法则对某个理性存在者的主观的、不完满的意志的关系，例如对人的意志的关系。[**看来康德把人看成一种不完善、不纯洁的理性存在者，因为人总有七情六欲，这会影响他们的道德行为。**]（第15 段）

[**第 16—19 段**]，**律令的第一种分类**。康德说：所有的**律令**，要么是**假言的**（hypothetisch）命令，要么是**定言的**（kategorisch，**绝对的**）命令。前者把一个可能行动的实践必然性表象为获得某种欲望的东西的手段；后者则把一个**行动**表象为**其自身**就是**客观必然的**，而不涉及任何别的目的。（第 16 段）[**这就是说，假言命令把行动当作获取别的东西的手段，定言命令把行动自身当作目的。**]

康德指出，每个**实践法则**都把一个可能的行动表象为善的，从而对由理性决定的主体来说也是**必然的**，所以[这里的]**一切律令都是决定行动的公式**，按照这个公式，根据善良意志的原则，**这个行动就是必然的**。但如果这个行动仅仅是作为某个别的东西的**手段**（Mittel）才成为善的，那么这个律令就是**假言的**；而如果这个**行动**被认为自身就是善的，并因此在行动自身中，意志作为一个原则同样合乎理性，那么这个律令就是**定言的**（kategorisch，即**绝对的**）。[此处已重译。]（第 17 段）

这样，律令就指明了什么样的行动对我可能是善的，并把**实践法则**呈现在与一个意志的关系中。但这个意志并不仅仅因为一个行动是善的，就会立即去行动，这一方面是因为主体并不总是知道这行动是善的，另一方面是因为，即使他知道这行动是善的，他的[**行动**]准则仍可能与实践理性的**客观原则**相抵触。于是就要分辨**两种律令**。（第 18 段）

第一，**假言律令**只是说，这个**行动**对某个**可能的**或**实际的**意图来说是善的。前一行动从意图看遵循的是**或然性**[**可能的**]的实践原则，后一行动从意图看遵循的是**实然性**的实践原则。第二，**定言律令**则说，行动自身就是客观必然的，而不考虑意图，即没有其他目的，所以这个不考虑意图的**行动原则**就是必然的实践原则。（第 19 段）

[第 20—22 段]，律令的第二种分类：**技术性律令、实然律令（或实用律令）、定言律令**。首先是**技术性律令**。康德说，一个理性存在者的意志都有某种意图，而为了达到意图总要有各种各样的**行动原则**。而所有的科学都有其实践部分，其中包括实现目的和如何实现目的的**律令**问题。这些律令一般称为**技术性律令**，它不考虑目的是否合理、是否是善的问题，只考虑怎样达到目的的问题，[因此不属于**道德律令**]。例如医生为治病所要遵守的规范与放毒者为把人毒死所遵守的规范，作为手段，具有同等的价值。康德认为当时的家长对孩子的教育大多只关注技术手段，而不计实际意图的道德价值。（第 20 段）

其次是**实然律令**。康德认为，理性存在者都有一个**实际的前提**，就是都有一个目的，作为律令应用和依赖的对象。可以假定，所有理性存在者都有一个出于本性的必然性意图：追求幸福。人们把行动在实践上的必然性视为推进幸福的手段叫作假言律令，其实这是**实然律令**。康德不同意把假言律令解释为仅仅是一个不确定的，只是一种可能意图的必然性，而是认为应该把它解释为这样一种意图的**必然性**，即我们能够先天地加以确定，这种意图是出于**人的本质**（**Wesen**，**本质**或**本性**），是每个人都有的。因此，为选择手段以实现一个人自己的幸福的律令，而作为一个目的的手段而被命令，就仍旧

是假言命令。(第 21 段)

最后是**定言律令**(绝对命令)。有一种命令,它直接命令某个**行动**,而不将此行动作为达到某个意图的条件,这种律令就是定言律令。而当人们不考虑行动的质料(即实践内容)和行动的结果,只考虑**行动的形式**和出自原则的律令时,行动本质[自身]的善就构成了此行动的意图,而不管行动的结果怎样。这样的律令就被称为**道德律令(Imperativ der Sittlichkeit)**。[这就是康德的形式主义、形式决定论的道德观。康德幻想用他的先验论解决道德学说的二律背反,例如他说:先验观念论或形式观念论是解决宇宙论的辩证论的钥匙(参见《纯粹理性批判》邓译本,第 404 页)。](第 22 段)

[第 23—26 段],三种律令及其可能性。康德说,**意欲(Wollen,或意愿)**按照三种原则(指律令的三种法则概念,即技术法则、实用法则、道德法则)通过它们受意志强制的**不同**[方式],而明确区别开来。为了弄清强制方式的不同,可区分为**技术性规则**、**审慎忠告**和**道德戒律**(即道德法则),因为只有法则蕴含着一种**无条件而又客观的概念**和**普遍有效的概念**。戒律是必须遵守的法则,即便与偏好对立。当然,忠告也包含必然性,但只能在主观的偶然的条件下才适用,这条件就是人们是否把它们算作自己幸福的一部分[因为前面讲过,**保障一个人的幸福**也是一种义务]。而定言律令却不受任何条件限制,它不仅是必然的,而且是绝对必然的,正因如此,它才被称为戒律。这样就又有了**三种律令:技术性律令、实用性律令[即假言律令]和道德律令[即定言律令]**。(第 23 段)下面是三种律令如何可能的问题。

第一条律令——技术性律令不需要讨论,因为它是一个**分析命题**:因为意愿在作为一个结果时,本身就是行动的原因,为实现结果所使用的手段,早就被考虑到了,而实际上,人们设想某物是采用某种方式或手段的可能后果,与设想他们自己以此方式或手段来行动,完全像 A = A 一样,是一回事。(第 24 段)

第二条律令——**实用性律令(实然律令或假言律令)**也是一个**分析命题**,因为幸福的概念太笼统,它不是一个**理性观念**,而是一个依据经验的**想象观念**。适用性理论和技术性律令一样,都旨在确定预先假定的目的之手段(或方法),所以规定意愿的目的也要求手段,因此也是**分析命题**。(第 25 段)

第三条律令——**道德律令(定言律令)**。康德指出,道德律令与假言律令不同,它含有**客观的必然性**,不以任何前提为基础,也不能通过任何例证来证明。(第 26 段)随后康德开始考察道德律令如何可能的问题。

[**第 27—33 段**],讲作为**道德律令的定言律令**,和**对道德律令或定言律令可能性的证明**。康德认为,我们应该完全先天地考察**定言律令**的可能性,因为我们没有从经验出发来证明的优势。因此我们只有解释的必要,而没有确立的必要。更重要的是,道德律令那无条件的命令不会任由意志去选择相反的行动,因为它蕴含着对法则所要求的必然性。(第 27 段)[**这种所谓的绝对律令不过是一个没有说服力的先验的假设而已。**]

对道德律令或道德法则,要鉴别其可能性困难很大,因为这个律令是**先天综合的实践命题**(**synthetich—praktischer Satz a priori**),在理论界(理论哲学)考察这个问题已经很难,故显而易见,在实践领域考察这个问题,困难一点也不会少。(第 28 段)

要想知道**道德律令**这个**绝对法则**如何可能,要进行艰难的工作,

我们准备留到最后一章(第三章)进行。(第29段)

要考察**假言律令**,我们不会预先知道它的内容,但要考察**定言律令**,我们立即就能知道它的内容,因为法则不包含任何限制条件,除了**行动准则**(**Maxime der Handlung**,或行为准则)[这种"行动准则"被称为"**主观原则**"(见该段注释1)]应与法则本身的普遍性符合之外。(第30段)下面就是它的内容。

定言律令(即道德律令)是一个**先天综合的实践命题**,其内容是:"要只按你能够希望使那个[行为]准则同时成为一条普遍法则那样去行动。"[这样康德就推出了道德的最高原则——定言律令或绝对律令(这里已重译)。接着康德据此又推导出三个从属或派生律令,即:1.义务律令;2.实践律令;3.意志原则或意志法则(参见《道德形而上学基础》孙译本,第38页),实为意志自律的律令。康德的《纯粹理性批判》一书的主要任务是解决先天综合判断如何可能的问题,关于什么是先天综合批判的问题,该书"导言"中已进行了详细说明。而上述定言律令之所以是先天综合命题,是因为:1.它具有普遍性与必然性,所以只能是先天判断;2.准则是主观原则,因此没有普遍性与客观性,使其变成客观的普遍法则是对主观性的准则的一个添加,所以是综合判断。而先天命题与综合命题的结合就构成了先天综合命题。](第31段)

[第32—38段],第一个从属律令——**义务律令**以及义务的分类。康德认为,现在,如果所有的**义务律令**(**Imperativen der Pflicht**)都是从上面的作为原则的定言律令**推导**出来的,那就仍不清楚那被称为**义务**(**Pflicht**)的东西是否是一个空洞的概念,但至少能够表明我们对**义务概念**的理解。(第32段)下面先推出**义务律令**。

关于**义务律令**,康德论述道:依据**定言律令**而产生[派生]的那个法则(义务法则)的普遍性,在最一般意义上,就构成了**自然的东西**

（就其**形式**而言）［**即自然法则**］，即就事物的存在是由**普遍法则**所规定而言，这就是**事物的存在**（包括**形式**与**质料**）。［因为对康德而言，形式规定质料，这就是形式决定论。（参见《纯粹理性批判》之"先验感性论"）］照此类推，普遍的**义务律令**就可以表述为："你应该如此行动，就好像你的［行为］准则，应通过你的意志而成为普遍的自然法则一样。"［这就是从定言律令推导出来的义务律令（这里已重译），这是一条类似于自然因果性法则的律令。当然这也是一个**先天综合命题**，因为这里既体现了出于理性认识的先天命题，又体现了把主观的行为准则与客观的实践法则联结起来的综合命题。］（第 33 段）

接着，康德就对**义务律令**进行了分析，按前面的通行分法，他对前面的例子进行了重复（第一次重复），列举了**四种义务**，分为**完全**和**不完全**的义务，其中包括以下内容。

1. **生命**。一个人因厄运终致绝望而厌世，他的行动准则是：延长生命预示着更多的不幸。这样，他的准则就与保存生命的义务相矛盾了。对康德而言，保存自己的生命和不自杀是**对自己的一项完全的义务**。

2. **诚信**。另一个人迫于困窘而需要借钱，但他却明知无力偿还，他的行动准则是：当我需要钱时，我就要借，并许诺还，虽然我知道我永远也不能还。这样，他的准则就与**诚信的义务**相悖了。在康德看来，这是**对他人的一项完全的义务**。

3. **幸福**。第三个人发现自己有一种才能，如加以培养，会使他在许多方面成为有用之人，但他的准则却是：宁愿纵情享乐，也不肯下苦功夫增进自己的天赋才能，来完善自己，使这种准则变成一条普遍的自然法则，以使自己成为对别人有用的人。这样，他的准则就与保证所有人幸福的义务相冲突了。在康德那里,这是**对自己的一项不完全的义务**。

4.**友善**。第四个人事事如意,看到别人与巨大的困苦搏斗,虽然他能够给予帮助,但这时他问自己:"这关我什么事?"如果这样的想法成为一条普遍的自然法则,人类仍然能够存在下去,而且这种做法还胜似人人在那里空谈同情和仁爱,或许他也会能骗就骗,背叛人类权益,甚至侵犯人的权益。这样,他的准则就与对人友善的义务不完全一致了。对康德而言,这是**对他人的一项不完全的义务**。

(以上内容皆属第 34 段,见《道德形而上学基础》孙译本,第31—33 页。)

根据上面四个实例,结论就是:我们意愿(希望)我们行动的准则变成普遍的法则,这是对我们的行动进行道德评价的标准。(第35 段)

[**第 36—40 段**],**关于违背义务的情况**。康德指出,每当我们违背义务时,就会发现,实际上我们不愿意让我们的准则成为一个普遍的法则。因为对于我们来说,我们的准则也不可能成为一个普遍法则,相反,准则的对立面倒应成为一个普遍法则,因为我们只为了我们自己和完满的偏好,虽然我们承认定言律令的有效性,但我们只允许我们自己有少许的例外。(第 36 段)

至此,我们已经认识到,如果义务是对我们的行动有重要意义且在实际中起着立法作用的一个概念,那么它就只能用**定言律令(绝对律令)**来表达,而根本不能用假言律令来表达。对它的每一个应用,我们也已清楚其中包含着义务原则的**定言律令(绝对律令)**内容,这很重要,但我们还没有进展到如此之远,以至能够先天地证明这种律

令的真实存在,而且认为遵守这种律令就是义务。(第37段)

但最重要的是,我们不能想着从**人性的特殊构造**中推演出义务的现实性,因为"**义务是行动的实践的、无条件的必然性**"。[**这是康德给义务下的又一个定义**。]因此,它必定对所有的理性存在者都有效,所以它才能成为对所有人类意志而言的法则。而凡是由人类本身的自然状况、情感、癖好、特殊倾向等推演出来的东西,只能是**有效的准则**,而不是**有效的法则**,它们给我们的只是**主观原则**,而不是**客观原则**。因此,在义务中命令的主观因素越少,或对它的反对越多,命令的崇高和内在价值就会得到更好的展现,而法则的强制力并不因此而削弱,它的有效性也不会因此而打折扣。(第38段)

[**第39—41段**],**关于哲学与道德形而上学**的地位。康德认为,事实是哲学已到了一个危险境地,因此它的基础应该筑牢。它必须展示它作为法则的绝对支持者的纯粹性。虽然有法则总比没有法则好,但它们本身永远不能产生那些单由理性支配的**基本原则**,而这些基本原则必定是完全先天地发生出来的,因此才具有发号施令的权威。它们期望对法则的尊重,而不期望任何来自人们的偏好的东西。(第39段)

因此,在康德看来,每一个经验性的东西不但不配成为道德原则的一部分,而且甚至有损于道德实践自身的纯粹性。因此他警告,要防止在经验的动机和法则中寻求道德原则的这种懒散和低级的**思维方式**[即经验论]。(第40段)

于是他就找到了形而上学。他指出,如果道德法则是一个必然的法则,那么,它必定与理性存在者本身的**意志观念**先天地联系在一起。于是我们就必须步入形而上学,即进入道德形而上学领域。在这里,问题不是什么事情**实际发生**的根由,而是什么事情**应该发生**的法则。因此,这里要讨论的是客观实践法则的问题,因此是意志与其自身的关系问题[即意志的"自我规定"问题],只要这意志是通过理性来规定自己。因此,凡与经验相关的东西都要排除。因此,现在必须考察理性规定**行为的可能性**。(第41段)

[第42—44段],意志总论。这里,康德首先给意志下定义说:"意志被认为是一种按照一定法则的观念自己规定自己的行为的能力,并且是只有在理性存在者那里才能发现的一种能力。"[这里已重译。]这时**使意志成为自我规定(Selbstbestimmung)的客观根据并服务于意志的东西就是目的**,而且如果这种目的单由理性给予,那么它**必定对所有理性存在者都同样有效**。而以行动的结果为目的而包含着行动可能性根据的东西,就被称为**手段**。对康德而言,与目的概念密切相关的概念是**欲望**(Begehren,**欲望、愿望、追求**)。欲望的主观根据就是**诱因**,而欲望的客观根据就是**动机**。与诱因(欲望的主观根据)相关联的是主观目的、质料目的、相对目的、相对价值、假言律令,等等;而与动机(欲望的客观根据)相关联的则是客观目的、[形式目的]、[绝对目的]、绝对价值、定言律令,等等。[这样康德就把他所说的**意志、目的、手段、动机、律令**等概念之间的关系理清了。]

[第45—46段],讲从道德律令推演出来的**第二条律令——实践律令,实为自我目的律令,即以自我为目的的律令**。康德指出,如果人类意志应该有一个最高的实践原则或定言律令的话,那么,它必定是意志的一个客观原则,它**形成于**这样一个**目的**概念,即这个目的对每个人来说都必然是一个目的,因为它**自身就是目的**。[即以自身为目的,或自我目的、自我规定的目的、绝对的目的。]所以,这个客观原则能成为

一个普遍的实践法则。其根据是：理性的本性本身就是作为目的而存在的。人们必然认为自己也是这样存在的，因此这个原则也是人们行动的**主观原则**［即适用于自己的原则］。又因为其他每一个理性存在者认为**他自己**也是依靠对**我自己**同样有效的**同一**的**理性根据**，因此这个原则同时也是一个**客观原则**，于是这个原则就成为最高的实践根据，从这里就推演出**意志的所有法则**。因此这个**实践律令**就是："你的行动应把人性，无论是你自己或他人人身中的人性，始终当作目的而决不仅仅当作手段来对待。"下面让我们看看，这个实践律令能否实现。（第 45 段）

康德又重复前面所举的例证（第二次重复）。

1. **生命**。一个想自杀的人，根据义务律令，他可以问问自己，他的行动能否与**人自身就是目的**的观念一致。如果他为了逃避困境而毁灭自己，那么他就把自己的人身仅仅当作手段，用来维持一个过得去的境况，直到生命的终结。但人可不是物，因而不是仅仅被当作手段的东西，相反，他必须在其所有行动中，都把自己当作目的。因此，他不能随便处置自己，以至残害自己、腐蚀自己、杀害自己。［否则他就违反了保障生命的义务了。］

2. **诚信**。对一个想对他人许下欺骗性诺言的人，从出于对他人的必然义务的角度，会立即看出这人是把别人仅仅当作手段来用，而没有想到**人自身就是目的**的内容。这里如果引用侵犯他人的自由和财产的例子，这个违反对他人义务的原则就更清楚了。意图侵犯他人的自由和财产，是把他人当作自己发财致富的手段了，而没有想到他人作为一个理性存在者总是要当作目的而受到尊重。［尊重他人，包括尊重他人的人权、自由和财产，这是康德的一个重要道德原则，值得赞许。］

3.友善。对一个人自己的偶然义务来说，虽然可以赞许，但这种行动只和我们人身中作为自身即目的的**人性**不抵触还不够，我们的行动还应该与这种人性和谐一致。因此康德认为，在人性中有获得更完满的能力，这种能力属于要尊重我们自己的人性的天生目的，而忽视这种能力，却不与这一目的之增进一致。这意思是说，要在不断完善自己中关爱别人。[这里康德相信，人道主义必定在人性的不断进步和完善中充分体现出来，这是被历史的事实所证明了的。]

4.幸福。在对他人可赞许的义务中，包括所有人都有的一种天然目的，即他们自己的幸福。如果无人对他人的幸福有所贡献，但也不能有意损害别人的幸福，那么任性还可以存在；但是，如果每个人都不肯尽其所能去增进别人的目的（例如追求自己的幸福），则与自身就是目的的人性相融洽，就只是消极的，而不是积极的。因为如果人自身即目的的见解对我完全起作用，那么任何一个坚持自身即目的的人，他的目的必须尽可能也是我的目的。[这样看来，康德的幸福观就是人人为我、我为人人的主张了，这是一种具有积极意义的幸福观，值得肯定。]

[第47段]，关于从道德律令推导出来的**第三种律令**，**意志原则或意志法则**，实即**意志自律**的律令。康德认为，**人性的**原则以及每个理性存在者**自身即目的**之原则，是对每个人的**行动自由**的最高限制性条件。[看来康德也反对无条件的自由。]但它不是从经验那里借来的，因为：**首先**，此原则具有普遍性，它普遍地应用于所有理性存在者，而对于他们来说，经验不足以决定任何事情；**其次**，在经验中人性并不被主观地视为人的目的。相反，人性被视为客观目的，它成为所有主观目的之最高限制性条件，而不管这些主观目的是什么。因此，这个

人性原则必定出自纯粹理性。所以,从客观上说,所有实践立法的根据都存在于(根据第一个原则,即义务原则)**普遍性的规则**和**形式**中,而这使它能够成为一个法则(即最可能成为一个**法则**,也就是第二律令:**实践律令**);因为,从主观上说,所有的实践立法都存在于目的[即**人自身即目的**]中。而所有目的之主体都是自身即目的下的每一个理性存在者(根据第二个原则)。由此又有关于意志的第三个实践原则,这个原则即意志与普遍的实践理性相融洽的最高条件,它可表述为:"**每一个理性存在者的意志都是作为普遍立法的意志观念。**"[实际上这是一个意志自律的律令,也是一个先天综合判断。这样,康德就从最高的定言律令出发,到义务律令,再到实践律令,最后到意志律令,依次推导出三个附属性、派生性律令。于是他就以为这些律令之所以可能的问题得到了解决。当然,他的最高根据,就是他的难以令人信服的道德先验论的假设:定言律令或绝对律令。]

[这样,在康德那里,律令就分为三种:**技术性律令、实用性律令**(假言律令)和**道德律令**(定言律令);而定言律令(道德律令)又推演出另外三种派生律令:**义务律令、实践律令**和**意志律令**。]

接着康德就开始详论**意志**。包括以下内容。

[第48—51段],关于**意志的立法**。康德说,根据上述意志原则,所有与意志的普遍立法不一致的准则都要被抛弃。这样,意志就不仅服从法则,而且还以这样的方式服从法则,以至于它自己也必须被认作立法者,只有这样它才服从这个法则。[这就是说,意志既立法又服从法则。](第48段)

在上述见解中,那些律令要么被视为通过行动与法则符合,就像与自然秩序符合一样,要么被视为理性存在者自身的特性,这些律令必须把作为诱因的利益都排除在理性的立法权威之外，因为它们是定言律令。但它们只是被假定为定言（绝对）的，而为了解释这个义务概念，我们又**必须**做这样的假定。但是，有些直接发布命令的实践命题却不能得到自主的证明。但现在，这个任务在第三个原则的公式中完成了，也就是在"**每一个理性存在者的意志都是普遍立法的意志**"的观念中完成了。[这就是说：意志既要服从法则又是立法者。]因此，每一个人的意志，作为普遍立法的意志，其原则很适合成为一个定言律令。而在所有律令中，只有定言律令是绝对的、无条件的。而如果反过来说，也许更好一些：如果有一个定言律令（对每一个理性存在者都有效的法则）下命令，只能这样说，做任何事情都要合乎自己的意志准则，这样一个作为普遍立法的意志仅仅**以自身为对象**。只有这样，实践原则和意志本身所遵守的律令才是绝对的、无条件的，因为意志是通过理性规定自己的，所以它不能以任何的利益关切为根据。（第49—50段）[这就推出了**以自我为目的的意志**，为目的王国的推出做了铺垫。]

康德认为，前人为发现道德原则进行的所有尝试都失败了，因为他们只看到人因为义务而要服从法则，但没有看到人只是服从于他自己的普遍立法，也没有看到他只根据自己的意志而行动，而他的意志根据其本性，则是作为**普遍立法的意志**。他把这个原则称为意志的**自律**（Autonomie）原则，而与其相对照的则称为**他律**（Heteronomie）原则。（第51段）

[**第52—70段**]，关于目的王国。按照前面所说"**每个理性存在者自身即目的之原则**"，所以就存在一个**目的王国**（Reich der Zwecke）的概念。康德论述道，每一个理性存在者，作为一个存在者，

必定要通过其意志的所有准则而视自己为普遍的立法者，并以此去判断**他自己和他的行为**，于是就导致了一个富有成果的**目的王国**的概念。（第 52 段）[这是一个自由意志的王国。]

康德宣称，这样一个**王国**（**Reiche**）就是通过**公共**[共有、集体]**法则**而把不同理性存在者约束到**系统联合**（**systematische Verbindung**）中去。[这正是马克思所说的"**自由人联合体**"。]因为法则正是顾全目的之普遍有效性来规定目的的，所以如果我们抽掉理性存在者的个体差异，从而也就抽掉了他们的**私有目的**的所有内容，这就是**目的王国**。这里的每一个理性存在者都服从这样的法则：**每一个理性存在者对自己和所有其他人，从不应该只当作手段，而应该在任何情况下都将其自身当作目的**。这样，通过公共的客观法则，就产生了一个系统的理性存在者的联合，即**理想的目的王国**。[这就是康德所追求的"**自由人联合体**"，即共产主义社会。]（第 53 段）

这样，当**一个理性存在者**在这个目的王国里制定普遍的法则，而自己也服从这些法则时，他就**作为一个成员**而属于这个王国。而当他作为一个立法者而不服从其余任何人的意志时，那他就作为**首脑**（**Oberhaupt**，主宰）而属于这个王国。而且当他完全独立，并对他的意志有足够的支配力量时，他才能永远保持其**主宰**（独裁者或暴君）的地位。[这样，对康德而言，在这个目的王国里就产生了普通成员与首脑以及独裁者的区别。这正是法国启蒙学者卢梭等人"社会契约论"的翻版。]（第 54 段）

这里康德坚持，**道德**就存在于每一个行为与立法的关系中，只有通过立法，目的王国才是可能的。然而，这个立法者必定可见于每一个理性存在者身上，这个立法必能从他的意志中产生出来。他的原则是：不根据任何与普遍法则不一致的准则行动。康德指出，根据普遍的原则行动的必然性，就被称为实践的强制，也就是义务。但在目的王国里，义务还轮不到**首脑**，但也许会同等地轮到每一个成员。[**这样康德就认可了首脑的特权，为独裁专制制度的产生留有了余地。这是康德对普鲁士专制王权的妥协。**]（第55段）

康德还认为，根据普遍法则这个原则的行动的实践必然性，即义务，根本不以任何感觉、冲动和偏好为根据，而仅仅以理性存在者之间的关系为根基，在这种关系中，每一个理性存在者的意志必须总是被当作立法者，否则意志就不能当作其自身即目的来考虑了。（第56段）

康德还认为，在这个**目的王国**里，每个东西，或有价格，或有尊严。其中有价格的东西可用别的等值的东西取代，而不可取代的东西就有尊严。例如与偏好和需要相关的东西都有**市场价格**，迎合某种快乐的东西则有**情感价格**。但构成**自在目的**（**Zweck an sich selbst**）的条件的东西则有**内在价值**，这就是**尊严**。所以道德和具有道德的人性才是唯一有尊严的东西。例如，工作中的勤奋和技能有一种**市场价格**，才智、生动的想象力和幽默有一种**情感价格**，而忠于诺言[**诚信**]和依据原则的**仁爱**（**Wohlwollen**）[**友善**]却有一种**内在的价值**。自然和技艺，没有可以取代内在价值的东西，因为这些内在价值不在于从它们那里所产生的结果和收获的功利，而只在于**意志的准则**，它们把履行道德行动的意志视为直接尊重的对象，因为除了理性，没有任何别的东西把**道德行为**强加于意志之上。（第57—59段）

康德还指出，给**道德的善**或**德性**以有尊严的崇高评价，其理由无非是：它给理性存在者提供了普遍立法的参与权，使其有资格成为目的王国的一员。[看来,无德者是没有普遍立法参与权的。]据此,一个理性存在者的**行动准则**,就成为一个他自己也服从的普遍法则。而一物除了由法则规定的价值外,没有任何其他价值。因此**自律[自己服从自己所立的法则]**就是人的本性以及每一个理性存在者的本性的尊严的基础。(第60段)

据上述,康德论述道,前面所述道德原则的三种方式(义务律令、实践律令、意志律令)不过是**同一法则**(即定言律令)的三种公式,其中每一个都与其他两个相合[既有区别又互相联系],其差别不过是在主观上是实践的,因此与直观、情感更接近。既然它们是同一法则的三个公式,那么三个**带有主观性的准则**中的每一个都包括:1. 一种形式,它具有普遍性,作为道德律令的准则;2. 一种质料,即目的,作为条件用以限制**随意**的目的;3. 一个公式,用以对所有的准则进行完整的规定,这个公式就是:**所有出于自律的立法者的准则都应当与目的王国和谐一致**。(第61—64段)

[第65—68段],道德概念回到起点的进程。康德认为,在道德评价中,最好还是遵循严格的方法,即以定言律令的普遍形式作为基础,即根据那同时能使自己成为普遍法则的准则行动。同时把一个行动置于上述三原则之下,因此更接近于直观,就是一个很有用的方法。

这样我们就可以回到起点,以无条件的善良意志的概念结束。这个意志是绝对的善,而不会是恶。因此,当一个意志把它的准则变成一个普遍法则时,不会自相矛盾。所以,这样的原则就是善良意志的**最高法则:你总是按照你同时也愿意将其普遍性作为一个法则的准则去行动**。这个原则就是定言律令。这个律令只涉及自然的形式方面，也可以表述为：**要根据这样的准则行动，这准则能够同时把它自己当成像自然的普遍法则那样**。这就是绝对善良意志的公式。[这样，在康德看来，道德法则就应当像自然法则一样普遍有效。]

还有，康德认为，理性的本性与其他本性的区别是，它给自己预设一个目的。这就是善良意志的质料。但在绝对善良意志的观念中，却没有获得某个目的的限制条件，它必须把要实现的目的抽掉，否则会使一个意志仅仅成为相对的善。所以绝对善良意志的原则就是：**对每一个理性存在者，你都应如此行动，从而在你的原则中，每一个理性存在者都是目的自身**。

因此，目的之主体，即**理性存在者自身**，一定要被当作所有**行动准则**的根据，而不要只被当作手段，即同时要当作一个目的。

[这就是康德的纯形式的目的，即目的本身，这是纯粹空洞的先验形式决定论，以这样的理论进行道德说教是不中用的。]

[第69—70段]，结论。康德指出，一个无可辩驳的结论是：每一个理性存在者，无论他所可能服从的法则是什么，都必定把自己当作**自身即目的**，并因此也把自己当作普遍的立法者。按照这样的方式，一个理性存在者的世界，就可能是一个**目的王国**，因为立法者属于作为目的王国成员的所有人身。他们的行动准则是：**如此行动，以使你的准则同时成为所有理性存在者的普遍法则**。而且这个法则充满力量，因为它是在定言地发布命令。

这样就很容易解释：虽然在义务的概念上，我们考虑了对法则的服从，但我们还是让那些尽到了自己所有义务的人具有某种崇高和尊严。因为，虽然他服从道德法则，并不崇高，然而他是这个法则的立法者，因此而服从它，所以他就是崇高的。下面是三个独立标题

（见《道德形而上学基础》孙译本，第48—52页）。

作为最高道德原则的意志自律

意志的自律，就是意志由之成为自身法则的特性，而不依赖于意欲对象的任何特性。因此自律的原则是：**在同一意欲中，除非所选择的准则被理解为一个普遍法则，否则就不要做这样的选择。**这个实践规则就是一个律令，每个理性存在者都必须受它约束，但它不能仅仅通过它所具有的概念的分析来证明［因为意志这个概念本身并不分析地包含自律性］，因为它是一个**综合命题**。而要证明这个综合命题，我们就必须超出关于对象［即意志］的知识，而进到对［意志］主体的批判考察中，即进到对纯粹实践理性的批判考察中。不过这不是本章的任务。而**自律性意志**作为道德的唯一意志原则这个当前的问题，倒只需要提供对道德概念的分析，就能揭示出来。因为若提供分析，我们就会发现，道德原则必定是一个定言律令（或绝对律令），它所命令的不多不少就是这个自律性。［**因为既然是绝对的无条件律令，它发出的命令就只受自己约束，而这个自我约束就是自律。当然，绝对律令不过是康德的一个先验的假设。**］

作为所有虚假道德原则之源泉的他律

如果意志要规定自己的法则，又不是在它的准则与其自身普遍立法的适宜性中去找，而是在别的地方去找，即在它的每一个对象［即目的之对象］的特性中去找，那么结果就总会是意志的**他律**。这样，就不是意志给自己立法，而是对象通过它与意志的关系给意志立法。这种意志与其对象的关系，无论是出于偏好还是出于理性的想法，都只能是假言律令：**我要做某件事是因为我意愿别的某件事**。而定言律令则说：**即使我不意愿别的对象，我也应该这样或那样行动**。例如假言律令说：**如果我要保持我的名声，我就不该撒谎**。而定言律令则说：尽管撒谎不会给我带来损害，我也不该撒谎。因此实践理性（意志）可以不去侍奉那不属于它自己（道德意志）的利益问题，以展示作为最高立法者发布命令的权威性。

以设想的他律原则为根据对所有可能的道德原则的分类

康德认为，人类理性在其纯粹的应用中，只要还没有对它进行批判考察，就必须让它先试试所有可能的错误道路。

从这个观点看，所有可能被采用的原则就或是经验的，或是理性的。前者从幸福原则引出的经验原则，是以身体或道德的情感为基础；后者是从完满原则引出的理性原则，或以完满的理性概念为基础，或以作为我们意志的决定因素的独立完满的概念（上帝的意志）为基础。

康德的结论是：经验原则根本不适合成为道德法则的基础。而在理性原则中，有关完善性的本体论概念，是空洞的、无用的，而且不可避免地会陷入循环论证。[就像关于上帝存在的本体论证明那样（参见《纯粹理性批判》）。]不过，康德认为，本体论概念好过神学概念。下面是几点具体结论。

不过在感性概念与完满性概念之间进行选择，他选择后者，因为它能被带到纯粹理性的法庭上去。

但不管怎样，把意志的对象假定为规定那些决定意志的根据，就只能是他律。

最后,只有绝对的善良意志,其原则必定是定言律令,它含有意志的一般形式,而它就是自律。

这是一个先天综合实践判断,它的可能性问题将在下一章给出一个轮廓。

第三章　从道德形而上学过渡到纯粹
实践理性的批判性考察

[**提示**]这一章由五个独立标题组成。基本思路是:自由—意志的固有性质—道德观念—定言律令—实践哲学的终极界限。这里运用的是综合方法,实即演绎的方法,从纯粹的实践理性的源泉或大前提[即本体论的大前提]的**自由**出发推演出道德观念和道德法则,最后推演出实践哲学的终极界限。

自由概念是说明意志自律性的关键

康德首先提出,就有生命的存在者是理性存在者来说,**意志就是**这些有理性的生命存在者的一种因果性,而**自由就是这种意志的因果性所固有的特性**[所以叫作"出于自由的因果性"],由此意志就不受外在因素的影响而独立地起作用,这就像自然的无理性存在者**受因果必然性**影响一样。(第1段)

上面[从自然界的角度看]是对**自由概念**的消极(从否定角度)的界定或说明,由此我们还不能洞见**自由的本性**。但毕竟一个积极的、更丰富的、更富有成果的自由概念却是从与**自然因果性**的必然性概念的对比而来的。而且,既然因果性必然伴随着一个法则概念,即结果必然通过原因才能确立的法则,那么自由也不是根本没有法则的,只不过自由是一种**独特的因果性**而已。正如我们所看到的,自然必然性是**动因**(wikede Ursache,**驱动原因**)的他律性。所以自律,即意志除了是自己的一个法则外,**意志的自由**就不是别的东西了。但是,**意志自律**所表示的原则,即它的行动所依据的**准则**只应是以使它自己成为一个普遍法则为目标的准则。而这正是定言律令和道德原则的公式。[这个公式就是:意志的准则=意志的普遍法则。]因此,**自由意志**就等同于服从于**道德法则**的意志。[当然,这种推演是不能令人信服的。](第2段)

所以,如果以**意志的自由**为假定的前提,那么,只通过概念的分析,就可以把道德及其原则推演出来。但这个道德原则却是个综合命题:一个绝对善良意志,就是其准则总能作为一个普遍法则而包含于自身的意志中。它之所以是个综合命题,是因为从绝对善良意志的概念的分析中,并不能发现这个准则的特性。然而,这样的综合命题之所以可能,只是因为有一个第三者把两个认识(绝对善良意志与准则特性)联结起来,这就是**自由这个积极概念**。但我们暂时还不能直接表明先天的自由概念的含义是什么,它是怎样从纯粹实践理性中推演出来的,以及定言律令是如何可能的。对此,还需要做些准备工作。(第3段)

自由必须被假定为所有理性存在者的意志的特性

如果我们没有充分的理由认为自由是属于理性存在者的,那就不能把自由归属于我们的意志。但就我们只是理性的存在者而言,既然道德是我们的法则,就对所有理性存在者有效,既然道德唯有从自由的特性推演出来,就必须证明自由是所有理性存在者的意志的特性。而且自由不能从人性的经验那里去证明,只能**先天地去证明**,

不过必须证明它是一般地属于具有意志的理性存在者的意志活动的。康德认定,每一个只按自由观念行动的存在者,在实践方面才是真正自由的。意志与自由不可分地联系在一起的所有法则对它都有效,正像在理论哲学(思辨哲学)中,意志被宣布为**其本身**即是自由[即先验的自由]的那样。于是结论就是:我们必须必然地承认,每一个有意志的理性存在者都有自由的观念,而且只依从这个观念而行动,因为在这样的存在者中有一种实践的理性,即一种与其对象有着因果关系的理性[即**以自身为对象的理性**]。因此我们不能承认接受外在命令的理性,因为这等于把冲动归给了理性。所以,理性必须不依赖于外在影响,而认为自己就是自己原则的创造者。所以,作为实践理性,必须认为自己是自由的。因此,从实践观点看,**自由意志**必定为一切理性存在者所拥有。

[这就是康德的形式主义、形式决定论的道德观。康德曾幻想用他的先验论解决道德学的二律背反,例如他说:先验观念论或形式观念论作为解决纯粹理性辩证论的钥匙(参见《纯粹理性批判》邓译本,第 404 页),看来在这里他也遇到了实践理性的二律背反,他也只能依靠他的先验论即先验形式决定论去解决这个问题了。]

关于附属于道德理念的利益关切(Interesse,利害、关怀)

虽然在上面我们已经把包含着规定性的**道德概念**转变成了**自由观念**,但在我们之中和**人类本性**之中,我们都不能证明自由是某种**真实东西**(Wirkliches)。[因为对康德而言,自由是自在之物,是不可知的。]我们只是看到了这样一点:如果我们认为一个存在者是有理性的,并且还意识到他的与行动相关的**因果性**,就是说,他还有**意志**,那么我们就必须**预设**（或假设）**自由**为前提。[这就是说，只要存在者有理性，就必须将自由假定为他的行动的因果性的前提。]这样我们就会明白，必须赋予每一个有理性、有目的的存在者以**依照自由观念**而规定自己行动的特性。[这样康德就把理性存在者的行动的自由因果性，即**自由因**，作为一个先验的假设提了出来。当然，这个实践活动的自由归根结底来自"先验的自由"的假设（参见《纯粹理性批判》邓译本，第 434 页）。]（第 1 段）

但从自由观念的预设中，也产生了这样一个**行动法则**的意识：行动的主观原则，即准则，在每一种情况下，都必须能当作客观原则或普遍原则来用，因而能当作普遍立法原则来用。这里并没有任何利害关切迫使我们这样做，否则就不会发布定言律令。但有些存在者受到作为诱因的感性影响，而不能总是做只由理性要求其做的事情。对于他们来说，道德行动的**必然性**就只能表述为"**应该**"[指摆脱主观因素的干扰而按客观必然性去做]，这样**主观必然性**就区别于**客观必然性**了。（第 2 段）

这样看来，**道德法则**，即意志的**自律原则**，就似乎只是在**自由观念**里才被假定为前提，就像我们不能证明它们本身的现实性和**客观必然性**一样。[这就是说，道德法则的客观必然性（即具有客观必然性的道德法则）似乎要依靠自由观念，必然性依赖于自由，这本身就是矛盾的。]但即使如此，我们仍有所收获，因为我们至少已比从前更准确地界定了这个真正的原则。但在这些原则的有效性和服从它们的实践必然性方面，我们还是没有取得任何进展。因为有人会问：为什么我们的准则作为一个法则，其普遍有效性必须是我们行动的限制性条件？对此我们不能给出令人满意的答复，因为我们不能阐明，基于什么原因，我们给予这种行动以如此之高的价值，以至对之不能再有更高的利益关切[即价值利益的关切],而且,一个人单凭这一点[即"应该"那么做],即使他相信感到了自己的人格价值,我们也不能阐明这是如何发生的。[看来康德遇到了不可解的矛盾,即二律背反。](第3段)

根据以上所述,就产生了我们对"人格品质"的关切。但是道德法则依据什么理由迫使我们必须如此去做,我们仍然不能明了。这里有一种不可避免的**循环论证**:我们假定,在我们的**行动动因的序列**中我们是自由的,以至我们能够认为自己在目的序列中是服从[必然的]道德法则的[即从自由因导出服从具有必然性的道德法则];而与此同时,我们又认为自己服从这些[具有必然性的]法则,是因为我们已经把**自由意志**归于我们自己了[从服从具有必然性的道德法则导出自由意志]。康德认为这就是一个循环论证,因为**自由和意志的自我立法**[立具有必然性的法则]这两者都具有**自律性**,所以是可以交互使用的概念,因此每一个都不能用来解释另一个,也不能为另一个提供根据。[不管怎么说,在这里遇到了自由与必然的矛盾,即自由意志与自然必然性的矛盾。](第4—5段)

但康德认为出路还是有一条,那就是追问,我们是不是假定了两种**不同的观点**:一是我们认为**我们自己**就是通过自由而成为先天有效的**原因**时的观点,二是在我们按照我们的[必然]行动而认为我们自己就是我们眼前所见的**结果**时的观点。[这就是我们既是原因又是结果的矛盾。](第6段)

于是康德提出了他的解决办法,即普通知性也能有的见解:所以不经我们选择而来的表象(如感性的感觉),只能使我们如**对象**[先验的对象,即自在之物]作用于我们那样去认识,至于**对象本身**是什么,却不为我们所知。因此我们只能获得现象的知识,而永远不能获得物自身的知识。[这导致了康德的**二元论**和**不可知论**。]于是导致了**感性世界**与**知性世界**的区别,后者是前者的基础。接着又导致了属于感性世界的自我和属于知性世界的自我[即经验的自我和先验的自我]的区别:前者是被动的、有差异的,属于感性世界,是能通过内感官知觉到的;后者是独立自存的、能动的、始终如一的,属于知性世界,是不可知的。但一个普通的知性,又试图使不可知的东西感性化,使之成为知觉的对象,结果破坏了两个世界的区别。(第7—8段)

现在人们还发现了一种具有纯粹自发性的理性,它甚至高于知性。因此,一个理性存在者必须认为自己属于知性世界,而不是感性世界。因此,他从两个观点观察自己,即认识自己的行动法则:一、他属于感性世界,必须服从自然法则,即他律性;二、他属于知性世界,而服从独立于自然的、不是经验的而仅仅以理性为基础的法则。(第9—10段)

作为一个理性存在者,他只有在自由观念下,才能思考他自己意志的因果性,而对感性世界的这种独立性就是自由。自律的概念是与自由观念不可分离地联系在一起的;而自律概念又与道德的普遍原则不可分离地联系在一起,整个道德的普遍原则,在理念中是理性存在者所有行动的根据,就像自然法则是所有现象的根据一样。(第11段)

康德认为,他已经弄清了上文所提出的嫌疑,即从自由到自律性、从自律性到道德法则的推理中可能暗藏着的循环论证的嫌疑,即我们为了道德法则而设置了自由概念,而这样做又是为了随后通过自由推演出道德法则来,而这样做我们就不能给道德法则提供任何基础,而只能把它当作一个预期理由,虽然一个好心人很情愿接受,但我们却不能把它当作一个可证明的命题提出来。不过,我们心中发现：如果我们认为自己是自由的，那么，我们就把自己转到知性世界并作为它的一员，而且知道意志的自律性与它的结果，即道德，联系在一起；如果我们认为自己是负有义务的，那我们就认为我们自己既属于感性世界，同时也属于知性世界。这就是康德所说的对上述道德理念的涉及全人类的利益关切。

定言律令是如何可能的？

康德论述道，理性存在者认为自己，作为理智［者］，是知性世界的一员，而且仅仅作为一个**动因**［即斯宾诺莎等人所谓的"自因"］而属于这个世界的时候，他才把他的［出于自由的］因果性称为**意志**。但另一方面，他又意识到自己是感性世界的一部分，因此他的行动只能作为［自然的］因果性出现。这样，作为知性世界的一员，我的所有行动与纯粹意志的自律性完全一致；而作为感性世界的一员，我的所有行动则必须被认为与欲望和偏好的自然法则，即与自然的他律性完全相合。前一种行动以最高道德原则为依据，后一种行动以幸福原则为依据。但在康德看来，由于知性世界包含着感性世界的根据［因为知性以感性为对象］，因而知性世界也是感性世界法则的根据，所以知性世界完全属于**知性世界里的我**［作为先验主体的我］的**意志**，这个意志能够直接立法。［因为康德认为知性以感性为对象，所以知性世界的法则是感性世界法则的根据（参见《纯粹理性批判》）。其实这个推论并不充分。］于是康德又提出一个推论，因此我认为我自己作为一个理智者，是服从知性世界法则的，也是服从意志自律性的，即服从在**自由观念**中包含着知性法则的理性法则的，而同时我还必须承认我也是感性世界的存在者。由此我必须把知性世界的法则看作对我的律令［命令］，而把根据这个命令的行动看作一种**义务**。（第 1 段）[其实这些都是前面多次说过的内容。]

于是结论就是：定言律令之所以可能，就是由于拥有自由观念使我成为知性世界的一员。既然我是知性世界的一员，那么我所有的行动就会与意志的自律性相符合，于是定言律令就应当是一个**先天综合命题**，因为除了我的意志受到我的感觉欲望的影响[即感性世界的意志]外，还另有源于完全同一个意志的观念，而这个意志本身是纯粹的、实践的，它作为知性世界的意志，依照理性包含着前一个意志的最高条件（根据）。通过这样的方式，这个命题就把作为法则的一般形式的知性概念，添加到感性世界的直观上，这样就使先天综合命题成了可能。（第 2 段）

康德认为普通人的理性的实践应用也证实了**这个推论**。例如，即使一个恶棍，如果在别的方面惯于运用自己的理性，他也不会不想具有这些善良的品质。虽然他由于自己的偏好和冲动，还不能做到这一点，但他却同时希望摆脱给他带来负担的偏好。道德上的"应该"使他成为知性世界的一员，使自己成为一个更好的人，并把这个意愿看作一个"应该"。（第 3 段）

[其实这种推论不过是经验之谈，并没有说服力。]

关于所有实践哲学的终极界限

就人们的意志而言，所有人都认为自己是自由的。但自由却不是一个经验性概念，即使经验证明没有自由，自由也是存在的。另外，一切发生的东西都应被自然法则所决定，这也是必然的，这个自然必然性同样不是经验性概念，因为自然必然性包含着必然性概念，从而包含着**先天知识**这一概念。但**自然系统**这一概念是由经验确证的，如果经验性知识是可能的，就要以假定自然系统这一概念为前提。所以自由仅仅是关于理性的**理念（Idee）**，它的**客观实在性**还是可疑的，而自然（现象的总和）却是一个知性概念，通过经验的例证，它必定会展示它的实在性。（第1段）

康德认为，这里有一种理想的辩证法：既不能放弃**自然概念**，也不能放弃**自由概念**，但在理性的思辨意图上，自然必然性之路比自由之路更有用，而在理性的实践意图上，自由的小路却是我们在行动中可能使用理性的唯一小路。因此，即使我们从来不知道自由是如何可能的，至少也应把自由和必然表面的矛盾消除，否则就会在自由与必然性的竞争中失败。（第2—3段）

但如果那个自认为**自由的主体**，称自己是自由的时候，与在同一行动中认为自己又服从自然法则的时候，都自以为是在同一的意义或同一关系上的**自身（sich selbst，自我）**，这样矛盾就不可避免了。因此，思辨哲学的任务不仅必须指出**自由**与**必然**能够很好地共存，而且也必须指出自由与必然甚至必然地统一在同一个主体中，以便为实践哲学扫清道路。［但事实上，思辨哲学并没有完成这个任务，相反却陷入了二律背反。］但在这里我们还不能说已经抵达了**实践哲学的出发点**，因为它只是要求思辨哲学终止理论问题的纠纷，以便使它自己获得稳固大厦的基础。但康德认为，**普通的道德哲学（第一章）和道德形而上学（第二章）**在要求**意志自由或自由意志**的合法权利方面虽然已经做出了自己的贡献［例如，**普通理性**基于对理性的独立性的意识，使意志自由的权利得到了承认。它知道，只有独立于感性的**纯粹理性**，才能给知性世界立法，而只有有理智的人，才是**真正的自我**

（**eigentlichdn Selbst**）]，但是如果理性要去解释纯粹理性如何可能是实践的，正如要去解释自由如何是可能的一样，就完全超出了界限。因为人类理性要去解释纯粹理性如何可能是实践的，正像去解释意志的自由如何是可能的一样，是**完全无能为力的**。康德认为，这就是道德探索的**终极界限**。但划定这个界限是非常重要的，一方面是为了使理性不在感性世界中兜圈子，另一方面是使理性不至于在知性世界的超验概念的空间中无力地拍打着翅膀，而迷失在幻象中。（第4段至最后）[看来康德还是没有信心去解决自由与必然的二律背反，而真正做到这一点的是黑格尔。]

结束语

康德声称，人类理性在自然方面的思辨应用上，导致了感性世界和知性世界最高原因的**绝对必然性**[这就是**灵魂（不死）、宇宙（自由）和上帝**]。而理性在自由的实践应用上也导致了一个**绝对必然性**，但只不过是一个理性存在者本身的行动法则的绝对必然性。现在，所有理性应用的根本原则是把它的知识推进到对其必然性的意识，这是必要的。但同样必要的是对这同一个理性进行限制，这就是预先假定一个条件。而结果则是理性对条件的无穷追问，以至不得不设定一个**无条件必然性**（绝对的必然性），虽然理性没有办法使这个无条件的必然性成为可理解的，但如果理性在道德领域中能够发现与这个预设前提一致的概念，就已经很满足了，因为这样我们对道德最高原则的推演就无可反对了。最后，康德的结论是：我们虽然并不理解道德律令的实践的无条件必然性，却理解了它的不可理解性，这就是关于人类理性极限的哲学所能正当要求的东西。[悲乎，康德！]

附录二:对康德伦理思想的总评

康德的《实践理性批判》与《道德形而上学基础》是西方伦理思想发展史上的里程碑之作,是近现代西方伦理学的**经典之作**,其思想内容十分丰富,并且影响深远。但如何评价他的理论贡献和理论价值却是一个众说纷纭的话题。前面笔者在对两书进行解读时,已进行了零星的点评,现在谈一谈总的看法,以就教于各位专家与学者。

一、形式主义的伦理观

康德伦理学的一个重要特点就是它的**形式主义**,这也是中西学者所公认的,也是备受指责的。这种形式主义突出表现在他把道德法则视为人们道德行为的**"形式的规定根据"**(参见《实践理性批判》邓译本,第103页)。但人们却很少追问这种形式主义的理论来源。笔者认为这要追溯到康德的先验论、二元论和不可知论那里去,从而追溯到《纯粹理性批判》一书中去。我们知道,康德哲学被定性为"先验论"、"二元论"与"不可知论",被视为经验论与唯理论相互调和的产物。我们知道,欧洲近代哲学从一开始,就在知识观(即认识论)上产生了根本分歧,并由此分成了两大流派:**经验论**与**唯理论**。经验论主张一切知识都来源于经验,其代表人物是英国的培根、洛克和休谟等人;唯理论则主张一切真实的知识都来源于理性,其代表人物是法国的笛卡儿和德国的莱布尼茨等人。

康德对上述两派哲学家的贡献都给予了充分的肯定,并曾一度在两派哲学之间摇摆。但是对他影响最大的却是休谟和莱布尼茨两人。休谟最先打破了他的"教条主义迷梦",对他产生了决定性的影响。康德赞成休谟的观点:知识的普遍性与必然性在知觉(经验)中是找不到的。这迫使他不得不另辟蹊径,以解决知识的普遍性与必然性的来源问题,结果就导致了他自称的"**思维方式的革命**",即所谓的"**哥白尼式的变革**"。在他看来,既然普遍性与必然性不可能来自**经验**,就只能来自先天,即来自人类本性中的感性、知性与理性本身。这是一个形而上学的非此即彼的判断。于是他就转向莱布尼茨的唯理论,即他的"**智性体系**"。在《纯粹理性批判》一书中,到处都可以看到莱布尼茨影响的痕迹,谈到莱布尼茨的地方比谈到任何其他哲学家的地方都多。但是他却并不完全接受莱布尼茨的单子论,尤其不赞成他的天赋观念论和前定和谐论,相反,他却试图把莱布尼茨等人的唯理论同洛克等人的经验论结合在一个体系中。

于是康德就建立起自己的"**先验哲学**"(Transzendental – Philosophie),称其为关于认识对象的先天"**知识方式**"(Erkenntnisart),即"知识形式"的先验的"概念体系"。所以,这种哲学研究的不是关于对象的知识,而是关于对象的知识方式或知识形式的知识。在康德那里有三种知识以及与之相适应的三种先天的知识方式或知识形式,这就是:1. 数学知识,其知识形式是纯粹直观即先验的空间与时间;2. 自然科学(主要是物理学)知识,其知识形式是纯粹知性概念即先验的范畴;3. 形而上学知识,其知识形式是纯粹理性概念即先验的理念(包括灵魂——不死、宇宙——自由、上帝)。他认为这三种知识方式或知识形式分别来自纯粹感性（纯粹直观）、纯粹知性和纯粹理性，它们是"先天可能的"，因此他的哲学叫"**先验哲学**"。康德的先验哲学的核心思想是他的"**先验的观念论**"或"形式的观念论"与"**经验的实在论**"。所谓的"先验的观念论"，按照康德先后给出的定义可以概括为：**一切可能经验的对象**，无非都是些"**显象**"（或"**现象**"），而这些**显象**或现象又都仅仅是些"**表象**"或"**印象**"；与此相适应，空间与时间只不过是我们对这些显象或现象进行直观的先天的"**感性形式**"。其实这种"先验的观念论"，不过是把先验论与唯心论结合起来的先验论的唯心论，即**形式唯心论**。而所谓的"经验的实在论"是说，经验虽然在我们之内，却有其可以"直接知觉到的"**实在性**（实即主观的实在性）。这种"经验的实在论"不过是把实在论与唯心论结合起来的实在论的唯心论或唯心论的实在论。康德把他的"先验的观念论"与"经验的实在论"结合起来，即把先验论与经验论结合起来，宣称**先验的观念论者**也可能是一个**经验的实在论者**，这就是他所称的"**二元论**"。而与此同时，他还把认识和思维的对象二元化为"**显象**"（现象）与"**物自身**"（"**自在之物**"）两个各自独立的领域，称显象是直接被给予我们的"**唯一对象**"，是"**唯一供我们认识**"的东西，把它看成科学知识的真正领地，而称物自身虽然是可以"思维"的，却是"不可知"或"不知道"的，把它看成科学认识或科学知识的禁区，这就是人们通常所说的康德的"**二元论**"与"**不可知论**"。先验论、二元论与不可知论成为康德哲学的独特思维方式。

　　这里的关键问题就是他的**形式唯心论**。康德在《纯粹理性批判》一书中又把"先验的观念论"称为"形式的观念论"（参见《纯粹理性批判》邓译本，第405页附注）。这种形式的观念论就是形式的唯心论，即形式决定论,正是这种**形式决定论**决定了康德伦理学的形式主义性质,决定了他把"道德法则"看成人们的道德行为的"**形式的规定根据**",并从中推演出绝对的**定言律令**,及从属于它的**义务律令**、**实践律令和意志律令**。

不过,康德的形式主义伦理观虽然是主观唯心主义的,但对于破除貌似唯物主义的假仁假义的**道德行动**和伪善的**道德典型**,还是有积极意义的。

二、人道主义伦理观

在康德看来:"道德律是神圣的(不可侵犯的)。人虽然是够不神圣的了,但在其个人中的**人性**(**Menschheit,人的本性**、**人类性**)对人来说却必然是神圣的。"(参见《实践理性批判》邓译本,第 119 页)他还说:"在我们人格中的人性对我们来说本身必定是神圣的……因为人是**道德律的主体**,因而……是**神圣的东西的主体**。"(参见《实践理性批判》邓译本,第 180 页)我们把康德的这种**人性论**理解为一种**人道主义**。应当指出,五十多年后,马克思在他的《1844 年经济学哲学手稿》中一再强调的也就是这种人道主义的"**人性**"或"**人的类本质**"。因此,康德的人道主义思想与马克思的人道主义思想是一脉相承的。康德的**人道主义伦理观**,至少表现在以下几点上。

第一,关爱生命。对康德而言,"保存自己的生命"是道德律所要求的一项**义务**,因而有道德意义。但关爱自己的生命并不就是人们所贬斥的活命哲学。相反,康德认为:多数人对保存生命所持有的焦虑,却没有内在价值,而且他们如此做也没有道德意义。但如果因身处逆境与无望而失去了生命的乐趣,而遭此不幸的人却意志坚强,毫不心灰意懒,而是与命运抗争,即使死都在所不惜,而最后仍然保持了生命,他这样做既不是出于偏好,也不是出于恐惧,而是出于义务,那么他的准则就具有了道德意义(参见《道德形而上学基础》孙译本,第10页)。还有,康德举例说,某人因在沉船事故中冒生命危险救人,如果他因此而失去了生命,那么他的这种行动虽然算是义务,但另一方面,又多被当作有功的行动来评价,这就使义务的概念受到了削弱。更重要的例子是为保卫祖国而英勇献身,这是不可避免的义务。但如果不等命令就自动地献身于这一愿望,这是否是很完满的义务,就是可疑的,因为这种行动本身不具有榜样和促使人们效仿的充分力量。但如果这是不能免除的义务,对它的触犯本身在不考虑人类福祉的情况下,就是对道德律的侵害和对道德律的神圣性的践踏。因此,我们应向遵守道德律的做法献上最高的敬重,并确信人类的本性有能力达到如此高度的升华。(参见《实践理性批判》邓译本,第214页)总之,在康德看来,为了尽到保存自己生命的义务,就是献出自己的生命,也是虽死犹生,能成为道德楷模,因而值得敬重。而在我们看来,关爱生命是康德人道主义伦理观的核心思想,而突出这个核心思想,至今仍有着现实意义。

　　第二,与人为善。在康德看来,尽其所能对人**友善**[**仁爱**]是一项义务。他认为许多人天生具有同情心,以至毫无虚荣和自私的动机,但这种行为无论怎样合乎义务,无论怎样亲切,都不具有真正的道德价值。因为它与偏好出于同一个层次,所以这个准则缺乏道德意义。他认为,只有不受偏好的诱惑,而从死一般的无动于衷中摆脱出来,并只是出于义务而不是出于任何偏好,他的行动才首次具有了纯真的道德价值(参见《道德形而上学基础》孙译本,第10—11页)。当然,康德的这种排除了**同情心**的**纯粹的友善**是非常空洞的,把它作为一条道德原则是形式主义的和不可思议的。

第三,追求幸福。康德认为,保证个人幸福,这至少是一项间接的义务,因为一个人对自己的处境不满,处于忧虑和困顿中,就很容易使自己受到某种诱惑而背弃义务。即使抛开义务不谈,所有人也都会对幸福有着最强烈、最深切的偏好,因为所有的偏好都汇集在幸福的观念中了。因此康德认为,在一切场合都存在这样一个法则,即它理应增进幸福,并非出于偏好,而是出于义务。从这个法则出发,他的行动才有了真正的道德价值(参见《道德形而上学基础》孙译本,第11页)。当然,康德在这里所谓的幸福不过是为幸福而幸福,是空无内容的幸福。但是这种纯洁无私的幸福观对于破除利己主义的幸福观,还是有积极意义的。例如,法国启蒙时代的伦理学家爱尔维修就认为,人是有感觉的动物,其本性就是自利、自爱、趋乐避苦,也就是追求个人的利益和幸福,这是一切道德的基础,幸福是一切道德的根源。显然,康德的出于道德义务的伦理观是对爱尔维修的利己主义伦理观的一种挑战,其积极意义是不能否认的。

第四,讲究诚信。康德举例说,一个商家不应向无经验的顾客索要高价,这是一种合乎义务的行为。但是另一方面,这种行为并不足以证明这样一种信念,即商家这样做是出于义务和诚信的原则,还是出于别的原因。因此,康德所肯定的是出于义务的诚信原则。

三、自由主义伦理观

我们知道,**意志概念**是康德的实践理性的核心概念,而在康德那里,道德意志则表现为**自由意志**或**意志自由**。突出实践的自由和自由的意志就是最具特色的康德的自由主义伦理观,这可以从以下几方面来看。

第一，自由概念。康德在《纯粹理性批判》一书中把自由看成一种纯粹的理性概念，即理念。他给自由下定义说："我所说的自由在宇宙论的理解中就是自行开始一个状态的能力。"他说，自由在这种意义上是一个"纯粹的先验理念"（参见《纯粹理性批判》邓译本，第433页）。他还称这种自由是"先验的自由"（参见《纯粹理性批判》邓译本，第375页）。还说，如果取消了"先验的自由"，同时就会把一切"实践的自由"也根除了（参见《纯粹理性批判》邓译本，第434页）。但是他又认为自由是不可知的，他说："在我们之中和在人类本性之中，我们都不能证明自由为**真**。"（参见《道德形而上学基础》孙译本）只不过他称**实践的自由**却是"行动上"的自由，这种自由还是**可识别**的，而没有这种先天实践的自由，任何道德律、任何根据道德律的**责任追究**都是不可能的（参见《实践理性批判》邓译本第132、137页）。这样，康德就把先验的自由设定为纯粹的实践理性的大前提了。

第二，自由概念的内涵。虽然自由的理念是一个先验的假设，但作为实践的自由，却包含着丰富的内涵。康德为此制定了一个与**善恶概念**相关的**自由范畴表**。其中包括以下几个方面。1. 量：**主观的准则、客观的规范和既是客观的又是主观的法则**；2. 质：践行的规则（命令）等；3. 关系：与人格的关系等；4. 模态：允许与不允许的事情等。康德认为这个表还是以感性的实际行动为依据的，但会逐步过渡到只由道德法则来加以规定（参见《实践理性批判》邓译本，第90—91页）。

第三，自由意志的推出。在康德看来，在先验的理解上，**意志的独立性**就叫作自由。他说："一个惟有准则的**单纯立法形式**才能充当其法则的意志，就是**自由意志**。"（参见《实践理性批判》邓译本，第36—37

页)这样他就从先验自由那里推出了自由意志。而这样一来,自由意志就成了康德伦理学的核心概念。当然,这种推导是不能令人信服的。但无论如何,提出自由意志的概念,却是康德伦理学的一个重要贡献。

第四,自由意志的含义。首先,在康德看来,一个理性存在者的意志,只有在自由的理念中,才是他自己的意志,因此从实践的观点看,这种自由的意志必定为一切理性存在者所拥有(参见《道德形而上学基础》孙译本,第55页)。这就是说,自由意志是人的天赋特性。其次,自由意志和服从于道德法则的意志完全是同一个东西。因此,如果以意志自由为假定的前提,那么通过概念的分析,就可以把道德及道德原则推演出来,而这个意志就是一个绝对的善良意志(参见《道德形而上学基础》孙译本,第54页)。

第五,自由意志的立法。康德认为,作为自由意志的意志是一切道德律和与之相符合的义务的**唯一原则**。而自由意志就表现为:"纯粹的且本身实践的理性的这种**自己立法**[即自我立法](**eigene Gesetzgebung**)则是积极理解的自由。所以道德律仅仅表达了纯粹实践理性的自律,亦即**自由[意志]的自律**,而这种自律本身是一切准则的形式条件,只有在这条件之下一切准则才能与最高的实践法则相一致。"(参见《实践理性批判》邓译本,第44页)

第六,自由意志的**目的王国**。对康德而言,作为理性存在者的人的意志是一个自由意志。而这个自由意志的"目的王国"就是一个"道德王国"。按照实践律令来说:"**你的行动,应把人性,无论是你自己人身中的人性或是他人人身中的人性,始终当做目的而绝不仅仅当做手段来对待。**"(《道德形而上学基础》孙译本,第38页)这就是说,对康德而言,"**人自身就是目的**"。正是这个目的使我们进入了"目的王国",即"**道德王国**",这是康德的**道德理想国**。因为,在那里每一个理性存在者都服从这样的法则:**每一个理性存在者对自己和所有其他人,从不应该只当作手段,而应该在任何情况下也当作其自身即是目的。**这样,通过公共的客观法则,就产生了一个系统的理性存在者的联合,即**理想的目的王国**(参见《道德形而上学基础》孙译本,第42页)。从这里可以看出,康德的道德理想与马克思的共产主义社会理想——"自由人联合体"有诸多相似之处。这就是康德道德理想的积极意义所在,值得我们深刻领会。

四、启蒙主义伦理观

康德早在《道德形而上学基础》一书中就提出了道德启蒙的问题,例如他说:理性在为了我们全部需要的满足上,并不足以可靠地去指导意志,为此目的,天生的本能反倒有更大的确定性。但理性是被作为一种实践能力,即能够影响意志的能力,而赋予我们的。于是我们就形成了一种关于意志的概念,它被尊称为"自身之善",而这种概念已为自然健全的知性所固有,因此这一概念与其说需要教导,倒不如说需要把它解释清楚(《道德形而上学基础》孙译本,第9页)。这就是康德的伦理道德启蒙思想的源头,我们称之为**伦理道德启蒙主义**。我们知道,启蒙主义通常是指在17—18世纪法国大革命之前涌现出来的新思潮,它与理性主义等一起构成一个较长时期的新文化运动。这个时期的启蒙运动,覆盖了各个知识领域,如自然科学、哲学、伦理学、政治学等。这场启蒙运动为美国独立战争与法国大革命提供了理论支撑,并且导致了资本主义和社会主义的兴起。康德的伦理道德启蒙思想是17—18世纪欧洲启蒙运动的延续,有其积极的历史意义，对西方乃至中国伦理道德思想都产生过深远的影响。例如，他给启蒙下的定义是："启蒙就是人类对他自己招致的不成熟状态的摆脱。"并提出："'要有勇气使用你自己的理性！'——这就是启蒙的口号。"（《道德形而上学基础》孙译本，第71页）康德的这种启蒙论至今仍有着现实意义。

康德伦理道德启蒙思想主要体现在他的《实践理性批判》一书的"方法论"中，在那里，他专门讨论了青少年的伦理道德教育问题，我们把它概括为道德教育的三个原则和三种方法。

首先，在康德看来，对青少年的伦理道德教育，主要应遵循以下三个原则。

一是关于**精细考察与练习的原则**。康德认为，青年的教育者们首先应当对理性提出的实践问题进行精细的考察，搜索古今人物传记，以便为教育者所宣示的义务提供现成的证据，促使他们的学生动用自己的判断以注意这些人物的行为的道德含义。而更重要的是让学生经常练习去认识和赞赏那些人物的完全纯粹性的**良好行为**，同时练习带着惋惜和轻蔑之情去注意一些人对行动的纯粹性的某些偏离。

二是**不用情感灌输的原则**。康德认为，在他的那个时代，人们更希望以柔软的情感或狂妄的要求来调校心灵，而不是通过枯燥而严肃的义务表象来调校心灵。例如把所谓的高尚、慷慨和求功业的行动树立为孩子们的样本，以便通过灌输来收服他们，这完全是南辕北辙。因为孩子们在遵守最普通的义务或者正确判断这种义务方面还远远滞后，所以这样做就等于把他们造就为幻想家。而康德认为，道德原理的教育必须建立在**道德概念**（即以自由概念为基础的善恶、福祸等概念)之上,而不是情感的灌输。

三是**坚持义务行为应重于功业行动的原则**。康德反对把夸耀功业的念头带到行动中去,因为那样一来行动的动机就会混杂进自爱的成分,从而得到了感性层面的辅助。但如果把一切行动都置于义务的神圣性后面,意识到我们的行动是理性的命令,并宣布我们**应该**这样做,就会在我们心中逐渐对它产生最大的,但却是纯粹道德的关切。

其次,康德还提出了青少年道德教育的三种具体方法。

一是教育者所关心的只是:使学员按照道德法则进行判断成为自然的,使伴随着我们自己自由行动的以及别人的自由行动的观察成为一种习惯,并且首先追问:这个行动是否客观上合乎道德法则,以及符合哪种道德法则,以使这种判断变得尖锐;同时也要注意教导初学者把单单为义务提供根据的法则与那事实上就是义务的法则区别开来。

二是要注意如下的问题:这个行动是否在主观上也是为了道德法则的缘故而发生的,因而是否不仅具有行动的正确性,而且具有**道德价值**? 毫无疑问,这种练习所培养起来的教化意识,必将逐渐产生对理性法则和道德善行的关切。这样一来,学生的注意力就会保持在他的**自由的意识**上面,而这种自由意识是提防心灵受到低级的和使人败坏的冲动的唯一守望者。

三是通过榜样的实例来生动描述**道德意向**时,使人注意到意志的纯洁性,使初学者借此把注意力保持在对**自己的自由**的意识上,以便挣脱各种偏好的纠缠,使内心轻松起来。如果只有我一个人知道错在我一方,就坦率地承认和道歉,以便获得别人的敬重。如果没有比他通过内心的**自我省察**（**Selbstprüfung**）而使得他在自己眼中是卑鄙下流的更使他感到害怕，那么善良的道德意向就能嫁接到自由意识上了。

总之，康德的道德教育思想至今仍有着不可估量的现实意义，值得我们很好地学习和吸取。

五、康德伦理思想与中国古代伦理思想的比较

康德的伦理思想独辟蹊径，而且博大精深，对其后的伦理思想都曾产生过重大影响，其中也不乏合理和进步内容。例如：近现代西方伦理学概念在不同程度上都源于康德的自由、自由意志、主体、实践理性、善良意志、意志自律、绝对命令等概念。在康德那里，这些概念都是相关或相通的概念，正是这些概念给他的伦理学奠定了基础。但康德的伦理学因带有先验论和形式主义色彩而多受诟病，故从未在西方任何民族和国家中占据过主导地位，更谈不上成为现实社会生活的指导思想。相比之下，在我们中华民族数千年文明史中，伦理学不仅繁荣昌盛，而且世代相传，成为中华民族兴盛发达的精神支柱，特别是以孔子、孟子、荀子和董仲舒为代表的儒家"德性主义"伦理观，一度成为我们中华民族两千多年来繁荣、昌盛、稳定和进步的精神支柱。四书五经是中国儒家的经典著作，不仅在中国伦理道德思想史上占据至高无上的地位，且对西方伦理道德思想也曾产生过深刻的影响。这里让我们把中国古代的主流伦理思想与康德的伦理思想加以比较，以便取长补短，推动我国伦理学说的发展。在此分以下几点来谈。

第一，康德的**道德神学**与儒家的**德性主义**。康德的道德神学是以西方基督教文明为背景的，是当时德国市民社会（初期资本主义社会)的产物。这种社会是自由平等的公民在一定法律框架下结成的经济的、政治的和伦理的共同体。早在《纯粹理性批判》一书中,康德就提出:"**最高的目的**就是**道德的目的**,且只有纯粹理性才能把它们提供给我们来认识。"(《纯粹理性批判》邓译本,第619页)他认为,正是**道德理念**把关于"**神性存在者**"(上帝)的概念实现出来,现在我们认为这个概念是正确的,因为它与道德上的理性原则完满地协调一致。于是实践理性就使我们达到了作为**至善**的唯一的原始存在者的概念。这样我们就会在以理性原则为根据的合目的性的统一之下来探讨自由,并使我们由出于理性本性教给我们的道德法则而保持圣洁,使我们相信自己是合乎神的意志的,而我们只有通过促进我们自己和别人身上的世上至善,才相信自己是服务于神的意志的。所以道德神学只有内在的运用,通过我们的目的体系在现世中实现我们的道德使命(参见《纯粹理性批判》邓译本,第619—621页)。而在《实践理性批判》一书中,康德则详细论证了上帝存在的公设。首先,他从幸福与德性之间的必然联系出发,推定出上帝的存在。他说:在实践理性的任务中,即对至善的追求中,我们应当设法促进至善(它必定也是可能的)。这样,幸福与德性必须契合一致,但这种契合一致的根据就是自然的无上原因。这样,为了达到至善,这个无上的原因就被设定了,这就是上帝。接着康德提出:道德法则通过作为纯粹实践理性的客体和终极目的的概念而导致了**宗教**,即导致了一切义务乃**上帝命令**的知识,这就是**自由意志的根本法则**,而这种法则必须被视为最高存在者[上帝]的**命令**。而且在上帝庄严设计的秩序里"**人就是目的本身**",而人的意志就是"**自由意志**"(参见《实践理性批判》"辩证论"之"上帝存在"的公设)。这样,康德就把他的道德法则的最高根据推到上帝存在的假设中去了。就这一点而言，康德的自由意志设想甚至落后于欧洲同时代启蒙思想家卢梭"每个人都生而自由、平等"的天赋人权论（《社会契约论》）。

而中国在两千五百年前就已产生的儒家伦理学说，则完全回避了"上帝的命令"。例如孔子就不言鬼神，而直接诉诸"德性主义"或"德治主义"。儒家的伦理道德思想是建立在中国古代农耕社会的基础之上的。而中国的农耕社会又是以**父系家长制**为纲的血缘亲族关系和宗法制度为基础的。"孔子认为道德在社会生活中是最重要的，它高于生产经济、政治、法律、教育、知识才能、宗教等一切活动，主张用道德统帅其他活动，这是一种道德至上论、道德决定论。"（张锡勤主编《中国伦理思想史》，高等教育出版社2015年版，第24页）孔子把这种道德观当作解决当时社会"礼崩乐坏"、天下大乱的手段和途径。具体说，儒家的伦理道德思想以仁、礼为核心。而仁是道德的最高境界，包括："亲亲""孝弟""爱人""笃行""忠""信""礼""义"等具体内容。

比较起来，儒家的伦理思想更通俗、更有实效，传承两千多年，经久不衰；而两百多年前才产生的康德的伦理思想，特别是他的"道德形而上学"，则显得空洞而神秘，因此最后竟影响甚微。

第二，康德的人性论与儒家的人性论。康德与儒家都重视人，但又各有侧重。首先是关于人性。康德说："在全部造物中……只有人及连同人在内所有的有理性的造物才是自在的**目的本身**。因为他凭借其自由的自律而是那本身神圣的道德律的主体。"他还说："一个陷入生活的巨大不幸的正直的人，只要他能摆脱他的义务，他本来可以避免这种不幸，难道使他挺住的不正是这种意识，即他毕竟保持和尊重了他个人中的人性的尊严……他仅仅只是出于义务还活着，而不是由于他对生活感到丝毫的趣味。"(《实践理性批判》邓译本,第119—120页)据此可以得出三点结论:1.人是自在的**目的本身**;2.人的本质是**自由的自律**;3.人是神圣的、有尊严的。可知在康德看来,人性的这些特征是神圣的上帝意志的产物。而儒家对人性的看法就不同了。儒家认为人性原本是善的。孔子说:"**仁义,真人之性也。**"(《庄子·天道》)孟子说:"**人无有不善。**"(《孟子·告子上》)但孔子又说:"性相近也,习相远也。"(《论语·阳货》)因此孔子更强调后天的修养。

比较起来,儒家的人性论更有积极进取的意义,更具可操作性。

第三,康德人道主义的**"友善"**论与儒家人道主义的**"仁"**学。关于康德的人道主义思想内容,前面已有提及,故不再重复。其中主要是以下两点:1.**关爱别人**。他认为,**尽可能对人友善**[即仁爱或爱人类]是一项**义务**,一个人只有不受偏好的诱惑,摆脱麻木不仁,去关爱别人,即只出于义务而不是出于任何偏好来行动,那么这种行动才首次具有了**纯真的道德价值**(即成了善良意志),甚至是**最高的**价值。2.**关爱别人不限于自己的偶然义务**,这种行为仅与自身就是目的的人性不相抵触还不够,而且还要与这种义务和谐一致,在尽力帮助别人中不断完善自己,并使之成为一条**普遍法则**。这就是康德人道主义思想的核心内容。

而中国儒家所讲的"仁",其意义则更加深广。首先,"仁"是儒家伦理思想体系的**核心范畴**,是儒家人道主义思想的精髓。孔子说:"克己复礼为仁,一日克己复礼,天下归仁焉。"(《论语·颜渊》)孟子则把"仁"列为"仁、义、礼、智"四德之首。其次,"仁"是对人的关爱。其经典的表述是:"樊迟问仁。子曰:'爱人。'"(《论语·颜渊》)更进一步的表述则是:"泛爱众,而亲仁。"(《论语·学而》)还有作为道德规范的"温、良、恭、俭、让"(《论语·学而》)。最后，"仁"的含义更进一步发展为"为政以德"，即"仁政"(《论语·里仁》)的思想。

孟子在孔子"为政以德"思想基础上，更提出了"仁政"思想，他从孔子的"仁学"思想出发，把仁政扩充为涉及思想、政治、经济、文化等领域的施政纲领。"仁政"的基本精神就是对人民大众有深切的同情和关爱。最经典的表述是他对梁惠王的政策建议："王如施仁政于民，省刑罚，薄税敛，深耕易耨，壮者以暇日修其孝悌忠信，入以事其父兄，出以事其长上，可使制梃以挞秦楚之坚甲利兵矣。"(《孟子·梁惠王上》)孟子的仁政思想至今仍有着现实意义。

总之，儒家的"仁学"真正体现了**人道主义的精神实质**。就此而言，它远远超出了康德的单纯而笼统的宣扬"友善"的人道思想。

第四，康德与儒家**义利观**。在康德的伦理学中，**义务概念**居中心地位。他给义务下定义说："**义务就是出自对法则的敬重的一个行为的必然性。**"(李秋零主编：《康德著作全集》第4卷，中国人民大学出版社2005年版，第407页)他把义务分为四类：诚信、保存个人生命、对人友善、保证个人特有的幸福。他认为信守义务是道德行为的准则，不能出于个人的偏好和利益。

而对儒家而言，"义务"也就是"义"。义可以解释为"宜"，就是行所宜(当)行。所以孔子说："见得思义。"[反对不劳而获的不义之财](《论语·季氏》)"其使民也义。"(《论语·公冶长》)"上好义，则民莫敢不服。"(《论语·子路》)可见义几乎指全部道德行为。孔子还把"义"与"忠"联系起来，认为忠就是信守道义，包括在人与人的关系中承担义务，对自己的言行高度负责，臣子对君王应尽义务。而孟子则进而提出了重义轻利的义利观，他说："生，亦我所欲也；义，亦我所欲也。

二者不可得兼,舍生而取义者也。"(《孟子·告子上》)还有荀子的"义利两有"和"先义后利"的义利观,例如他说:"义与利者,人之所两有也。"(《荀子·大略》)但又说:"欲虽不可去,求可节[制]也"。(《荀子·正名》)由此可见儒家的义利观与康德的义利观相比,其内容更丰富、更深刻、更有实用性。

第五,康德与儒家的**至善论**。康德早在《纯粹理性批判》一书中就提出了"至善"的概念,把"至善理想"视为道德世界的终极根据。对康德而言,"至善是纯粹实践理性即纯粹意志的全部对象",在这个概念中"德行"与"幸福"被设想为必然结合着的。因此,为了实现至善的理想,就必须假定灵魂不死和上帝的存在,把二者视为实现至善理想的前提。(参见《实践理性批判》"纯粹实践理性的辩证论"中的相关论述)这样,对于康德而言,至善就只能是一个空洞的幻想。

而对于儒家来说则不然。"至善"就是最高的善,是道德修养的最高境界。"至善"语出《礼记·大学》:"大学之道,在明明德,在亲民,在止于**至善**。"宋代大儒朱熹解释为:"言明明德,亲民,皆当至于至善之地而不迁,盖必其有以尽夫天理之极,而无一毫人欲之私也。"而为了达到至善的境界,就必须从自身的道德修养做起,即:《礼记·大学》所提出的修、齐、治、平思想:"古之欲明明德于天下者,先治其国;欲治其国者,先齐其家;欲齐其家者,先修其身;欲修其身者,先正其心;欲正其心者,先诚其意;欲诚其意者,先致其知,致知在格物。物格而后知至,知至而后意诚,意诚而后心正,心正而后身修,身修而后家齐,家齐而后国治,国治而后天下平。"而且接着还特别强调:"自天子以至于庶人,壹是皆**以修身为本**。"孟子更教导说:"天将降大任于是人也,必先苦其心志,劳其筋骨,饿其体肤,空乏其身,行拂乱其所为,所以动心忍性,曾益其所不能。人恒过,然后能改;困于心,衡于虑,而后作;征于色,发于声,而后喻。入则无法家拂士,出则无敌国外患者,国恒亡。然后知生于忧患而死于安乐也。"显然,儒家的至善理想并不是虚无缥缈的境界,而是以修身为本的具有现实意义的至善理想,因此远远高于康德的至善论。

第六,康德与儒家的道德规范。康德在《实践理性批判》中就提出了"实践规范"即"道德规范"的概念,在他看来,实践法则足以规定意志,从而成为规范行动的实践规范(《实践理性批判》邓译本,第23、114 页)。而这种实践规范或道德规范就是作为道德法则的实践法则,而在康德看来,这种法则却只是先天的、形式的和神圣的东西。康德认为,正是这种规范按照最高的理性指导着人们的道德生活,以最后达到至善境界(《实践理性批判》邓译本,第148、181 页)。

而相比之下,儒家所讲的道德规范则更加具体和更具可操作性。例如,孔子首先提出了"温、良、恭、俭、让"的道德规范:"夫子温良恭俭让以得之。夫子之求之也,其诸异乎人之求之与?"(《论语·学而》)后来又有汉代大儒董仲舒提出的"三纲五常"的道德规范体系。"三纲"是指君臣、父子、夫妻之间的关系,即"君为臣纲,父为子纲,夫为妻纲";"五常"则是根据孟子所提出的"父子有亲,君臣有义,夫妇有别,长幼有序,朋友有信"的原则(《孟子·滕文公上》),而被归纳为"仁、义、礼、智、信"(《举贤良对策》,见《汉书·董仲舒传》)。儒家"三纲五常"的道德规范体系虽然是为稳固封建专制制度的社会秩序服务的,但在规范人的道德生活方面还是有着积极作用的。而且在塑造高尚的道德人格方面又有无数先例可资证明,我国历史上涌现出的先圣和先贤,就是光辉的典范。

　　总之,从对比的角度来看,康德的伦理思想虽然有其积极意义,但中国儒家的伦理思想还是远远高于康德的伦理思想,这就是笔者的结论。

主要参考文献

[1] [德]康德.康德文集[M].刘克苏,等,译.北京:改革出版社,1997.

[2] [德]康德.康德著作全集(第4卷)[M].李秋零,译.北京:中国人民大学出版社,2005.

[3] [德]伊曼努尔·康德.道德形而上学基础[M].孙少伟,译.南昌:江西教育出版社,2014.

[4] [德]伊曼努尔·康德.道德形而上学原理[M].苗力田,译.上海:上海人民出版社,2012.

[5] [德]黑格尔.小逻辑[M].贺麟,译.北京:商务印书馆,1980.

[6] 朱熹.四书章句集注[M].北京:中华书局,2012.

[7] 邓晓芒.康德道德哲学详解[J].西安交通大学学报(社会科学版),2005,25(2):44－47.

[8] 郭立田.康德《纯粹理性批判》文本解读[M].哈尔滨:黑龙江大学出版社,2010.

后　记

　　至此本人的康德三批判书《文本解读》就算完工了。众所周知，康德是德国古典哲学的始祖，没有康德哲学就没有费希特、谢林、黑格尔、费尔巴哈哲学，也就没有近现代西方哲学，更没有马克思主义哲学。我们下苦功研究康德哲学，不仅因为其文本的艰深，更因为其所宣扬的自由主义精神。康德是个自由主义者，他特别关注人的自由。他在《纯粹理性批判》中宣扬的是"先验的自由"，在《实践理性批判》中宣扬的是"实践的自由"，即"自由意志"，在《判断力批判》中宣扬的是"想象力的自由游戏"。在笔者看来，马克思主义的自由观，不仅继承了康德的自由观，而且从全新的世界观和方法论的角度推进了康德的自由观，例如马克思与恩格斯在《共产党宣言》中就提出了"自由人联合体"的设想，并且特别关注个人的自由，认为"每个人的自由发展是一切人自由发展的条件"。因此，对马克思与恩格斯而言，自由绝不是一个抽象物、一句口头禅、一个空招牌。从"个人自由"开始，是马克思主义自由观的本有之意，这是任何人都不能否认的。而我们研究康德哲学，特别是他的实践哲学（伦理学说），就应当像马克思、恩格斯那样，把康德的自由观发扬光大，以对得起我们的人民和时代！现在我们提出"中华民族伟大复兴"的目标，其内容不能不包括传统道德的复兴。传统道德教育要从幼儿教育开始,强调教育者的自我修养、以身作则,应当成为每一个教育工作者的神圣义务。

在本书出版之际,还要特别感谢黑龙江大学哲学院的支持,感谢黑龙江大学出版社编辑马续辉所付出的心血。